中国高速铁路桥梁画册 I

MAJOR BRIDGES OF HIGH-SPEED RAILWAY IN CHINA

图书在版编目（CIP）数据

中国高速铁路桥梁画册．1 / 郑健主编．-- 北京 ：人民交通出版社，2012.9
ISBN 978-7-114-10066-6

Ⅰ．①中… Ⅱ．①郑… Ⅲ．①高速铁路－铁路桥－桥梁工程－中国－画册 Ⅳ．①U448.13-64

中国版本图书馆CIP数据核字(2012)第206033号

书　　名：中国高速铁路桥梁画册Ⅰ
著 作 者：郑　健
责任编辑：吴有铭　丁　遥
出版发行：人民交通出版社
地　　址：(100011)北京市朝阳区安定门外外馆斜街3号
网　　址：http://www.ccpress.com.cn
销售电话：(010)59757969,59757973
总 经 销：人民交通出版社发行部
经　　销：各地新华书店
印　　刷：北京雅昌彩色印刷有限公司
开　　本：635×965　1/12
印　　张：18
字　　数：270千
版　　次：2012年9月 第1版
印　　次：2012年9月 第1次印刷
书　　号：ISBN 978-7-114-10066-6
定　　价：300.00元

《中国高速铁路桥梁画册 I》

编写委员会名单

主　编：郑　健

副主编：乔　健　孙树礼　何义斌

编　委：陈良江　王召祜　陈后军　苏　伟
申全增　杜宝军　徐永利　张红旭
赵会东　陈　列　郭建勋　金福海
张文侠　徐升桥　刘永锋　徐　伟
左莉萍　桂　婞　陈怀智　武　赞

CONTENTS | 目录

MAJOR BRIDGES OF
HIGH-SPEED RAILWAY IN CHINA

4 组合体系桥

5 拱桥

6 斜拉桥

按照《中长期铁路网规划》，到"十二五"期末，我国铁路运营里程将达到 12 万公里左右，基本建成快速铁路网，截至目前，已开通运营的高速铁路 6000 余公里。

我国高速铁路北起齐齐哈尔、哈尔滨，南至海口、三亚，东起厦门、上海、青岛，西至成都、昆明、乌鲁木齐，桥梁所处地区的海拔、气温变化十分剧烈，建桥环境的复杂程度为世界之最。无砟轨道在我国高速铁路的大范围应用，使得桥梁设计在面临刚度、频率等动力特性难题的同时，又面临变形与沉降控制的挑战。特定的环境条件，桥上轨道平顺性、稳定性、可靠性的要求与设计师对其的理解，共同构成了高铁桥梁独特的工程性格，也是桥梁设计的灵魂。高铁桥梁的工程性格以环境特点、跨度水平、结构形式、工艺水平、景观效果等形式呈现于世人面前，"大有大的恢弘，小有小的精致"，结构与自然的和谐是桥梁设计者始终追求的目标与理想。

广大高铁桥梁建设者经过十多年锲而不舍、坚韧不拔的努力，克服了众多技术难题，尤其在大跨度、特殊结构和 32 米简支箱形标准梁的技术创新方面，取得了丰硕成果，掌握了大跨度桥梁与高速行车的关键技术，许多桥梁技术已经处于世界领先水平。中国高速铁路桥梁在跨越大江大河的同时，也实现了自我跨越，跨入了世界高速铁路桥梁技术之前列。"一桥飞架南北，天堑变通途"的壮丽景观遍布神州大地。

在我国已开通运营的高速铁路中，跨度大于 100 米的特殊桥梁有 200 多座。为展现我国高速铁路桥梁的建设成果，表现我国高速铁路桥梁人的心血与智慧，反映我国高速铁路桥梁的发展、进步和跨越，供关心桥梁技术发展的有识之士参考和借鉴，铁道部工程设计鉴定中心组织铁一、二、三、四院，大桥院，中铁咨询，中铁上海院，铁五院的桥梁专家汇编了这册《中国高速铁路桥梁画册Ⅰ》。本画册汇集了我国已建成的高速铁路典型桥梁 70 余座，力图将具有代表性的高铁桥梁囊括其中，借此也向多年来一直为中国铁路桥梁作出贡献的桥梁建设者们致以崇高敬意！

本画册是 2008 年编撰出版的《中国高速铁路桥梁》的姊妹篇，共六章，分为混凝土简支梁桥，混凝土连续梁桥、刚构桥，钢梁桥，组合体系桥，拱桥，斜拉桥，共有插图近 200 幅，内容丰富，图文并茂，可供从事高速铁路桥梁设计、施工、建设管理、教育、研究的人员参考。谨向提供以上章节内容、文字、图片资料的单位和个人一并表示感谢。

由于篇幅较大，编辑时间仓促，资料来源和编者水平所限，不足之处在所难免，敬请读者多提批评指导意见，以利改正。

2012 年 8 月于北京

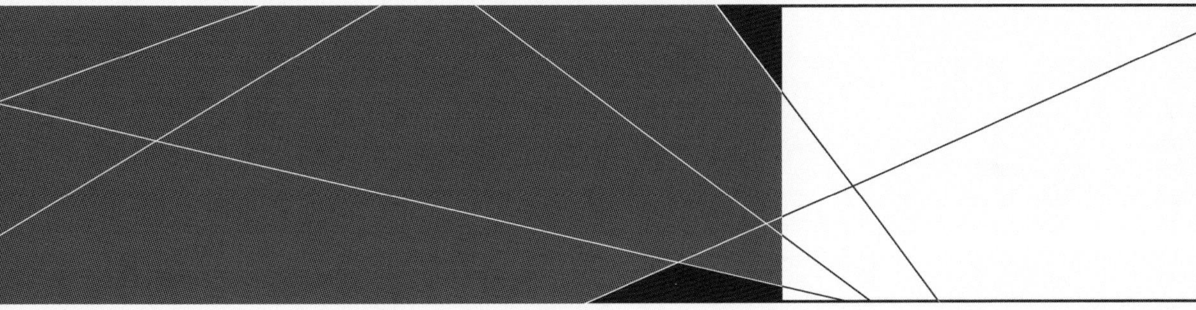

序言

PREFACE

According to Chinese National Long Term Railway Network Plan, at the end of the twelfth Five-Year Plan, the railway operation length will reach 120,000 kilometers, and then the fast railway network will be preliminarily established. Up to now, the operation high speed railway length is more than 6,000 kilometers.

The high-speed railway network of China starts from Qiqihar and Harbin in the north and ends in Haikou and Sanya in the south while traversing from Xiamen, Shanghai and Qingdao to Chengdu, Kunming and Urumchi in the east-west direction. Due to the elevations and temperatures varying dramatically in the regions where the bridges are located, the construction environment thus becomes the most complicated one in the world.

With the wide application of ballastless track in China′ s high speed railway, the design of bridge not only faces the difficult problem of dynamic characteristics such as rigidity and frequency control, but also faces the challenges of deformation and settlement control.

The special environment conditions, the requirements of track smoothness, stability and reliability, and the understanding of bridges to bridge designers constitute the unique engineering character of high speed railway and also are the soul of bridge design.

The engineering character of high speed railway present to the people as different styles, such as environment characteristics, span levels, structural types, technological levels and aesthetics effect etc. Large span bridges are magnificent, while small bridges are delicate. The harmony between structure and nature is the ultimate goal and ideal pursued by bridge designer.

Numerous builders of high-speed railway bridges have spared no efforts to overcome many technical difficulties for more than 10 years with perseverance and determination. They have scored fruitful achievements, in particular in technical innovations of large span structures, special structures and 32m simply-supported box section standard girder. And they have mastered key technologies concerning large span bridges and high speed trains. Many bridge technologies of China have reached the leading level of the world.

While surpassing great rivers, the Chinese high-speed railway bridges have also realized self-transcendence and marched into the front rank of the high-speed railway bridge technologies in the world. The splendid scenes of ″a bridge flies to span the north and south, turning a deep chasm into a thoroughfare″ are now seen everywhere in China.

In the high speed railways that have been operated, the number of special bridges with the span over 100 meters is more than 200. In order to illustrate the achievements under the painstaking efforts and wisdom of the high-speed railway bridge builders and reflect the development, progress and boom of high-speed railway bridge construction in China thus providing reference for those who have deep insight and concerns about the development of bridge technologies, the Engineering Design Appraisal Center of the Ministry of Railways organizes the bridge experts from China Railway First Survey and Design Institute Group Co.,Ltd., China Railway Eryuan Engineering Group Co.,Ltd., The Third Railway Survey and Design Institute Group Co.,Ltd., China Railway Siyuan Survey and Design Group Co.,Ltd., China Railway Fifth Survey and Design Institute Group Co.,Ltd., China Railway Engineering Consulting Group Co.,Ltd., China Railway Shanghai Design Institute Group Co.,Ltd. and China Railway Major Bridge Reconnaissance & Design Institute Co.,Ltd. to compile The Atlas of China′ s High-speed Railway Bridges. More than 70 typical high-speed railway bridges that have been built in China, which cover the most representative high speed railway bridges, are included in this atlas, aiming at paying highly tribute to the bridge builders who have made such great contributions to China′ s railway bridges over the years.

This atlas is the companion book of Chinese High Speed Railway Bridges which was edited and published in 2008, and it is divided into six chapters embracing Concrete Simply-Supported Girder Bridge, Concrete Continuous Girder Bridge and Concrete Rigid Frame Bridge, Steel Girder Bridge, Combined System Bridge, Arch Bridge and Cable Stayed Bridge. With rich contents not only in words, but also in pictures, it is available as a reference for people who are engaged in the design, construction, construction management, education and research of high-speed railway bridges. Gratefulness should be given to all units and individuals who have provided the contents, texts and pictures for the above chapters.

In view that the full-length atlas is compiled in a limited time and the data resources as well as the editors′ command of knowledge are limited, it is inevitable to contain some deficiencies. Criticisms and suggestions would be appreciated so that we can make an improvement.

MAJOR BRIDGES OF HIGH-SPEED RAILWAY IN CHINA

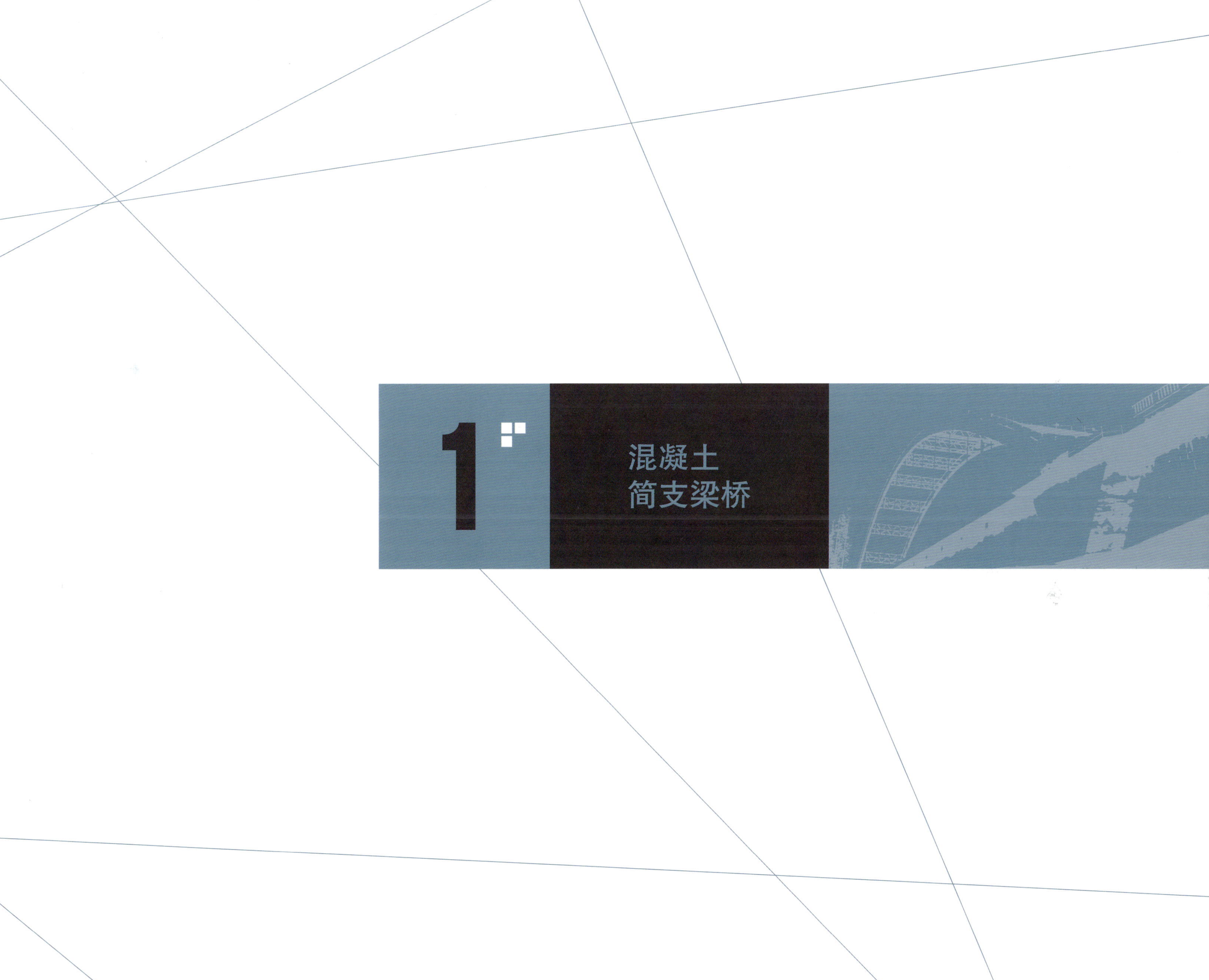

1 混凝土简支梁桥

1.1 前言

我国客运专线桥梁工程约占线路总长的 50%，其中 90% 以上为中小跨度桥梁。常用中小跨度桥梁采用标准设计，不仅可减少大量的设计投入，而且有利于施工控制和设备利用，更有利于运营管理。

由于列车速度高，要求桥梁结构提供的刚度、自振频率等性能相应提高。在相同梁高及材料用量的条件下，整孔箱梁所提供的横、竖向刚度、抗扭刚度、自振频率等指标均优于简支 T 梁。同时，采用大吨位架桥机架设梁体，由于减少了桥上作业工程，桥上作业时间较多片简支 T 梁明显减少。采用整孔预制、整孔架设箱梁技术可以使梁部施工在预制场进行，一方面有利于保证质量，另一方面，在桥墩施工的同时可进行梁部施工，有利于缩短施工周期。

简支箱梁以其受力简单、明确、形式简洁、外形美观、抗扭刚度大、施工速度快、基础适应性强、建成后的桥梁养护工作量小以及噪声小等特点，在我国客运专线建设中得到广泛应用。

我国客运专线铁路常用跨度简支箱梁类型较多，按速度类型分为 200km/h、250km/h、350km/h；按荷载类型分为客运专线、客货共线、城际铁路；按轨道形式分为有砟轨道和无砟轨道。常用跨度简支箱梁有 32m、24m、20m 三种跨度，其施工方法主要采用整孔预制、整孔架设，结合桥位情况，少量采用支架现浇或移动模架施工；大跨度简支箱梁有 40m、48m、56m、64m 四种跨度，施工方法有支架现浇、移动模架现浇和节段拼装等，已经初步形成了我国客运专线铁路常用跨度桥梁技术体系，在客运专线建设中发挥了重要作用。

时速 350 公里高速铁路无砟轨道双线简支箱梁主要应用于京津、武广、郑西、京沪、哈大、沪杭、沪昆、京石、石武、京福、京沈、广深港等高速铁路，结构类型有双线整孔、双线组合简支结构，适用的无砟轨道形式包括 CRTS Ⅰ型板式无砟轨道、CRTS Ⅱ型板式

无砟轨道和双块式无砟轨道。设计荷载为 ZK 荷载，32m 双线整孔简支箱梁高 3.05m，混凝土用量 323.2m³。

时速 350 公里高速铁路无砟轨道单线简支箱梁主要应用于合蚌高速铁路，桥上无砟轨道形式为 CRTS Ⅱ型板式无砟轨道。设计荷载为 ZK 荷载，32m 单线整孔简支箱梁高 3.0m，混凝土用量 182.2m³。

时速 350 公里高速铁路有砟轨道简支箱梁用量较少，主要用于武广客运专线天兴洲大桥引桥和京沪高速铁路黄河大桥引桥，结构类型为双线整孔简支箱梁，设计荷载为 ZK 荷载，其 32m 梁高 3.05m，混凝土用量 334.7m³。

时速 250 公里客运专线（近期兼顾货运）有砟轨道简支箱梁主要用于秦沈、石太、合宁、合武、甬台温、南广、福厦、厦深、湘桂等高速铁路，结构类型有双线整孔、双线组合、单线整孔。设计荷载为 ZK 荷载和中—活载，32m 梁高均为 2.8m，其中双线整孔简支箱梁混凝土用量 310.6m³、双线组合简支箱梁混凝土用量 341.8m³、单线简支箱梁混凝土用量 186m³。

时速 250 公里客运专线（城际铁路）有砟轨道简支箱梁主要用于长吉、昌九、湘桂、柳南、云贵等高速铁路，结构类型有双线整孔、双线组合，其中双线整孔分为单箱单室和单箱双室。设计荷载为 ZK 荷载，32m 单箱单室整孔箱梁梁高 2.60m，混凝土用量 285.9m³；32m 单箱双室整孔箱梁梁高 2.50m，混凝土用量 264.4m³；32m 双箱单室组合箱梁梁高 2.50m，混凝土用量 267.8m³。

时速 250 公里客运专线（城际铁路）无砟轨道简支箱梁主要用于哈齐、沪宁等高速铁路，结构类型有双线整孔、双线组合，其中双线整孔分为单箱单室和单箱双室。设计荷载为 ZK 荷载，32m 单箱单室整孔箱梁梁高 2.65m，混凝土用量 285.5m³。

秦沈客运专线简支箱梁结构形式有双线整孔和单线并置两种，轨道形式包括有砟轨道和无砟轨道，设计荷载为 ZK 荷载，其中双线整孔预制箱梁最大跨度为 24m，有砟轨道梁梁高 2.0m，无砟轨道梁梁高 2.2m，整孔现浇箱梁最大跨度 32m，梁高 2.6m；单线并置箱梁主要用于斜交错孔布置，跨度有 32m、24m、20m，32m 单线并置梁梁高 2.7m。

时速 200 公里客运专线无砟轨道简支箱梁主要用于广珠城际铁路、成灌铁路、莞惠城际铁路等，其结构形式为单箱单室、单箱双室、双箱单室、三箱单室、四箱单室等，设计荷载为 ZC 荷载，其中 32m 箱梁梁高 2.2m。

在高速铁路常用跨度桥梁设计研究中，开展了大量的设计与试验研究，通过车桥耦合动力特性分析、实体单元模型分析、实体梁试验等提出了高速铁路常用跨度桥梁设计方法和施工工艺要求，设计了与梁部配套的圆端形、矩形、单圆柱形实体墩和双柱墩以及圆端形、矩形空心墩。

高速列车要求桥梁结构具有较高的平顺性，为保证线路的平顺性，设计时力求降低梁体的徐变拱度。通过采取控制结构使用阶段上下缘应力差、混凝土的强度和弹性模量以及施加二期恒载的时机等措施，形成了简单有效的客运专线铁路桥梁线形控制技术。同时设计中充分考虑了各类无砟轨道特点，分析无砟轨道对桥梁结构的影响，确定无砟轨道对桥梁的技术要求。为了提高结构耐久性，从原材料入手，控制耐久性指标，通过控制混凝土入模、脱模、水化热温度，采用预张拉、初张拉、终张拉的三阶段张拉技术，防止制梁过程中的温度收缩裂纹，保证结构耐久性。

整孔箱梁设计中考虑液压内模的使用，取消梁端横隔墙设置，采取梁端截面与跨中截面平顺过渡的处理方式，保证端截面受力，为

液压内模脱出创造了有利条件，不仅降低了工人的劳动强度，也大大缩短了箱梁制造周期。整孔箱梁的吊装是运输、架设关键环节，在梁端桥面板上开孔作为吊点，工人可在箱内进行安装作业，操作方便，安全可靠。研制了大吨位运梁车和架桥机等成套设备，支座安装采用重力灌浆、千斤顶落梁等技术，形成了较为完善的整孔箱梁制、运、架技术。

高速铁路常用跨度桥梁设计为系统设计，在设计上充分考虑了桥上通过和摆放的各种设施的需要，将综合接地概念引入桥梁设计，满足了系统设计要求。采用底板开槽方式，两孔梁的槽口对应形成进人孔，使梁端支座布置与锚具的布置有足够的构造空间，桥梁外形统一，具有较好的景观效果。

由于后张法预应力混凝土梁的预施应力具有张拉设备灵活、便于操作的特点，客运专线桥梁设计中常用跨度简支箱梁均采用后张法预应力体系。在大量工程应用之初，各种梁型结合工程开展了试验验证工作，在施工工艺方面总结出施工工法，保证了大规模应用的施工质量。除大量采用的后张法预应力混凝土简支箱梁外，还进行了先张法预应力混凝土梁的试验研究，其放张吨位达 6000 吨。试验研究的 32m 先张试验梁共预制了 3 孔，其中 1 孔进行了破坏试验，验证了设计理论，另外 2 孔已经成功架设应用于合宁铁路，目前使用性能良好。

简支箱梁施工主要有预制架设、支架现浇、造桥机施工等方法，其中造桥机施工又分为移动模架、移动支架两种方法。

1.2 常用跨度混凝土简支梁桥

1.2.1 京沪高速铁路丹阳至昆山特大桥

桥型：预应力混凝土简支箱梁

孔跨：31.5m

桥址：江苏省 丹阳市～昆山市

审查单位：铁道部工程设计鉴定中心

设计单位：中铁第四勘察设计院集团有限公司

施工单位：中铁三、五、八局集团有限公司，中交集团

开工日期：2008 年

完工日期：2010 年

简介：

京沪高速铁路自丹阳东进入苏南平原，沿途经过常州、无锡、苏州、昆山等经济发达地区。为了使桥梁结构与周围地形环境相互协调，塑造良好的景观效果，京沪高速铁路自丹阳至昆山试验段前全部采用高架桥梁通过，跨越水面宽度 20m 以上的河道 100 余条，跨越各类等级公（道）路 160 余条。丹阳至昆山特大桥不仅跨越苏锡常软土地区、无锡沉降漏斗区，还经过无锡地裂缝防治区，地质条件相对复杂。丹阳至昆山特大桥全长 164.851km，为世界上最长的桥梁。其中预制架设（现浇）简支梁 4955 孔，钻孔桩施工 302.5 万米。

1.2 常用跨度混凝土简支梁桥

1.2.2 京津城际铁路杨村特大桥

桥型：预应力混凝土简支箱梁

孔跨：31.5m

桥址：天津市 武清区

审查单位：铁道部工程设计鉴定中心

设计单位：铁道第三勘察设计院集团有限公司

施工单位：中铁十七局集团有限公司

开工日期：2006 年 12 月

完工日期：2008 年 8 月

简介：

杨村特大桥起于永乐站站外，先后跨越应半路、孔兴路、凤河、王河路、廊良路、规划京沪高速公路联络线、京津塘高速公路、碱东路、龙河、龙凤河故道、京福公路等水陆通道，于武清站前收桥，全长 35.8km。本桥地处华北平原北缘，地质为软弱土地段，通过经济技术比较，确定 32m 简支梁是本线的经济梁跨，故设计以 32m 简支梁为主，24m、20m 简支梁用于调跨，并考虑全桥梁跨尽量统一，利于预制架设。考虑道路立交等需要，采用了（32+48+32）m、（40+64+40）m、（60+100+60）m、（45+70+70+45）m 等多处常用跨度连续梁。全桥采用双线圆端形桥墩，桥台采用一字式桥台。基础均采用钻孔灌注桩，一般桩径为 1.0m，设计桩长 42 ～ 53m。桥梁建成后整体景观效果较好。研究解决了常规桥梁式样、孔跨的选择，桥梁建筑景观设计，桥梁沉降控制技术与可调高支座研制，900 吨整孔箱梁设计、制造、运输、架设技术，简支箱梁移动模架和满堂支架设计建造技术，桥梁工程耐久性、安全性设计，车线桥耦合动力仿真分析等多项关键技术。沿线分布有广泛的软土和松软土，地基承载力不高，具有含水量高、压缩性高、透水性差和强度低的特点。杨村特大桥是典型的多孔等跨简支长桥，以 32m 简支箱梁为主。通过该桥的建造实践，较好地检验了我国大吨位简支箱梁的设计技术、预制工艺、运架设备、精测网技术的先进性、可靠性、稳定性。桥位地处软土、松软土和黏性土地段，通过该桥的建造实践，成功攻克了高速铁路桥梁基础沉降控制问题。

CRH

1.2 常用跨度混凝土简支梁桥

1.2.3 沪宁城际铁路大湾浜特大桥

桥型：预应力混凝土简支箱梁

孔跨：31.5m、23.5m

桥址：江苏省 常州市

审查单位：铁道部工程设计鉴定中心

设计单位：中铁第四勘察设计院集团有限公司

施工单位：中铁二十四局集团有限公司

开工日期：2008 年

完工日期：2010 年

简介：

沪宁城际铁路大湾浜特大桥主要采用 31.5m、23.5m 标准跨度无砟轨道简支箱梁，该箱梁截面类型为单箱双室，梁端顶板、底板及腹板局部向内侧加厚；防护墙根部内侧净宽 8.4m，桥上人行道栏杆内侧净宽 12.1m，桥面板宽 12.2m，桥梁建筑总宽 12.48m；梁中心高 2.53m，直线线路中心处梁高 2.55m，横桥向支座中心距为 5.6m，纵向支座中心距离梁端 0.55m。该箱梁可适用于双线，直、曲线地段，具有良好的动力特性。箱梁设计充分考虑景观效应，采用大半径圆弧倒角、大斜率腹板的单箱双室截面，具有线条流畅、造型优美的特点，体现了现代化铁路建设注重美学要素的设计理念。在降低梁高、采用较小截面尺寸等提高经济效益的同时，保证结构具有较高的安全性及良好的动力特性。

1.2 常用跨度混凝土简支梁桥

1.2.4 合蚌客运专线张巷下行线特大桥

桥型：预应力混凝土单线无砟轨道简支箱梁

孔跨：31.5m

桥址：安徽省 蚌埠市

审查单位：铁道部工程设计鉴定中心

设计单位：中铁上海设计院集团有限公司

施工单位：中铁十九局集团有限公司

开工日期：2009 年 6 月

完工日期：2011 年 12 月

简介：

合蚌客运专线张巷下行线特大桥位于安徽省蚌埠市，起于京沪高速铁路蚌埠南站站外，主要跨越黄山大道、京沪高速铁路等，止于东芦山，桥全长 3406.4m，孔跨为 9×23.5m+87×31.5m 单线无砟轨道简支箱梁以及（40+64+40）m、（48+80+48）m 单线连续梁，配置流线型单线圆端形实体墩、矩形空心台。沿线地基分布有花岗岩、角闪岩、大理岩等硬质岩，基岩埋深 22 ~ 30m，采用钻孔桩基础，设计桩长 24 ~ 38m。张巷下行线特大桥的时速 350 公里单线无砟轨道简支箱梁及配套墩台在高速铁路领域属首次应用。简支箱梁桥面宽 7.4m，梁高 3m，腹板斜率 11.3∶1，32m 梁重 474 吨，配套桥墩纵向墩顶宽 2m，墩高 10m 及以下为直坡，墩高 10m 以上采用坡率为 35∶1 的变截面。桥梁建成后，梁、墩浑然一体，相得益彰，整体景观效果好。

1.2 常用跨度混凝土简支梁桥

1.2.5 秦沈客运专线辽河特大桥

桥型：预应力混凝土简支箱梁

孔跨：32m

桥址：辽宁省 辽中县

审查单位：铁道部工程设计鉴定中心

设计单位：铁道第三勘察设计院集团有限公司

施工单位：中铁十三、十八局集团有限公司

开工日期：1999 年 10 月

完工日期：2003 年 12 月

简介：

秦沈客运专线是中国首条以箱梁为主梁型的客运专线铁路，由此奠定中国高速铁路桥梁的基础，是中国高速铁路起步的里程碑。其中辽河特大桥是我国首座应用于高速铁路上的跨度 32m 的双线整孔简支箱梁，中心里程为 DK337+633.79，全长 2433.59m，上部结构为 74×32m 预应力混凝土双线简支箱梁，单箱单室等高度箱形截面，梁高 2.6m，顶宽 12.4m，每孔重约 750 吨，分为五节段预制，节段长除两端段为 5.35m 外，其余段均为 6.5m，最大节段重 150 吨，节段间共 4 个湿接缝，每个缝宽 0.6m，采用现场预制梁段和移动支架上湿接缝拼架施工。

1.2 常用跨度混凝土简支梁桥

1.2.6 合宁客运专线襄滁河特大桥

桥型：预应力混凝土简支箱梁

孔跨：31.5m、23.5m

桥址：安徽省 全椒县

审查单位：铁道部工程设计鉴定中心

设计单位：中铁第四勘察设计院集团有限公司

施工单位：中铁二十四局集团有限公司

开工日期： 2005 年 1 月

完工日期： 2007 年 9 月

简介：

本桥全长 10815.5m，首次在时速 250 公里客运专线桥梁中采用跨度 32m 的预应力混凝土简支整孔箱梁，系统地进行高性能混凝土预制箱梁工艺试验、实梁静载与成桥动态试验，为我国铁路桥梁大面积采用 32m 双线整孔箱梁技术提供了各项技术指标，推动了我国高速铁路桥梁整孔架设技术的发展。

1.2 常用跨度混凝土简支梁桥

1.2.7 昌九城际铁路乐化特大桥

桥型：预应力混凝土简支箱梁

孔跨：32m、24m

桥址：江西省 新建县

审查单位：铁道部工程设计鉴定中心

设计单位：中铁第四勘察设计院集团有限公司

施工单位：中铁二十四局集团有限公司

开工日期：2007 年 12 月

完工日期：2009 年 8 月

简介：

昌九城际铁路乐化特大桥全长3129.91m，全桥简支梁采用了新的通用设计，桥墩采用了流线型圆端形桥墩。梁的外轮廓采用了大圆弧、高翼缘板的设计方案，具有造型优美的特点。大斜腹板、大圆弧外形优美，高翼缘板能提高截面的抗弯性能。采用全工厂化、预制化的桥面附属设施构造，如预制电缆槽、盖板、钢筋混凝土栏杆等，进一步简化施工、降低造价。采用了与新型"时速 250 公里客运专线（城际铁路）简支箱梁"外形相适应的连续梁结构，全桥整体外形和谐统一。

1.2 常用跨度混凝土简支梁桥

1.2.8 成灌铁路都江堰高架特大桥

桥型：预应力混凝土简支箱梁

孔跨：31.5m

桥址：四川省 都江堰市

审查单位：铁道部工程设计鉴定中心

设计单位：中铁二院工程集团有限责任公司

施工单位：中铁二局集团有限公司

开工日期：2008 年 12 月

完工日期：2010 年 3 月

简介：

都江堰高架特大桥是成灌铁路的重点工程。该桥全长 13.297km，为城际铁路桥梁，设计活载为 ZC 荷载；旅客列车设计时速 200 公里，线路为双线，线间距 4.40m；铺设无砟轨道和跨区间无缝线路。简支梁为单箱单室等高度简支整孔箱梁，梁体总宽 11.4m，梁高 2.350m，梁重约 680 吨。

1.2 常用跨度混凝土简支梁桥

1.2.9 广珠城际铁路都宁岗至中山站特大桥

桥型：预应力混凝土简支箱梁

孔跨：31.5m

桥址：广东省　顺德市、中山市

审查单位：铁道部工程设计鉴定中心

设计单位：中铁第四勘察设计院集团有限公司

施工单位：中铁二、三、八局集团有限公司

开工日期：2006 年

完工日期：2010 年

简介：

广珠城际铁路都宁岗至中山站特大桥位于广东省顺德、中山两市，全长 88.989km，由主线与江门支线组成，呈人字形，其中主线都宁岗至中山站主线桥长 62.38km，江门支线（小榄—新会）桥长 26.609km，主线与支线在小榄站交汇。设计活载采用 ZC 荷载，桥面宽 11.6m。设计主要采用了双箱单室、单箱双室两种截面类型的圆弧形翼板斜腹板无砟轨道简支箱梁，桥墩均为圆弧形无帽梁矩形墩，线条优美流畅。墩顶纵、横向弹性水平位移采用 $3.5\sqrt{L}$ 限值控制设计。

1.3 大跨度简支箱梁桥

1.3.1 郑西客运专线岳阳河特大桥

桥型：预应力混凝土简支箱梁

孔跨：40m

桥址：河南省 巩义市

审查单位：铁道部工程设计鉴定中心

设计单位：中铁第四勘察设计院集团有限公司

施工单位：中铁十六局集团有限公司

开工日期：2006 年

完工日期：2009 年

简介：

岳阳河特大桥位于河南省巩义市境内的八里庄及杨里村附近。岳阳河特大桥跨越深谷，岸坡陡峭，墩高 16 ~ 51m，均采用圆端形空心桥墩。40m 梁设计为单箱单室等高度斜腹板简支箱梁，梁全长 40.6m，截面中心梁高 3.75m，桥上人行道栏杆内侧净宽 11.9m，梁顶面宽 12.0m，采用移动模架现浇施工。

1.3 大跨度简支箱梁桥

1.3.2 哈大客运专线普兰店海湾特大桥

桥型：预应力混凝土简支箱梁

孔跨：56m

桥址：辽宁省 大连市

审查单位：铁道部工程设计鉴定中心

设计单位：铁道第三勘察设计院集团有限公司

施工单位：中铁大桥局集团有限公司

开工日期：2007 年

完工日期：2010 年

简介：

普兰店海湾特大桥跨越普兰店海湾，全长 4.96km，普兰店海湾海面宽 3350m，主海沟宽约 1000m。主要受潮汐影响，桥址处最大水深 10m，涨潮潮差 2.20m，落潮潮差 1.90m。主孔设计采用 18 孔 56m 预应力混凝土简支箱梁。采用圆端形桥墩，56m 预应力混凝土简支梁采用场地预制节段、移动模架整孔拼架、现浇湿接缝的施工工艺。56m 箱梁为单箱单室断面，梁长 57.1m，梁高 5.3m，顶板厚 0.35m，箱梁分为 11 个预制梁段，两端梁段长 2.6m，中间梁段长 5.1m，梁重约 2190 吨。针对海湾强腐蚀环境，研究采用了抗侵蚀混凝土、环氧涂层钢筋、混凝土表面外涂装等综合防腐蚀措施。

中铁六局丰台桥梁工厂

1.4 重大技术装备

1998 年开始，为适应秦沈客运专线 24m 双线箱梁及 32m 单线箱梁的架设，分别研制了 450、550、600 吨级的多种架桥机，突破了原有的 160 吨级的架桥技术，首次在铁路建设中采用“先架后铺”的施工工法，在全线范围内根据桥梁数量分段布设制梁场进行预制、架梁施工，从而缩短了全线桥梁架设工期；梁体一次就位，安全性大大提高。之后在客运专线和高速铁路建设中，施工设备与桥梁结构设计密切配合，研制出适用不同条件下的提、运、架配套的 900 吨级架桥机和运梁车十余种，其中有导梁式和无导梁式，起吊方式有定点起吊和带梁移动起吊，均可通过运梁车自行驮运转场。

1.4.1 制梁场

现场设置预制场，集中预制整孔箱梁，梁场的分布和规模根据各条线的桥梁布置和数量，结合运架工期确定。

1.4.2 提梁机

早期在梁场移运梁体大多采用移梁小车，少部分采用轮轨式提梁机。针对轮轨式提梁机需要铺设走行轨道、梁场建设投入费用较高的特点，较大规模的制梁场一般采用轮胎式提梁机。

1.4 重大技术装备

1.4.3 运梁车

运梁车和架桥机结合桥梁结构种类配套研制，目前主要有满足双箱并置箱梁、单线箱梁、整孔双线箱梁三大类，可架设吨位在 450 ～ 900 吨之间。此外结合变宽梁和小曲线半径等特殊情况，还研制了相应的运架设备。后期研制的运架一体机，有效降低了梁体运输时的高度，解决了隧道间桥梁的运输及架设难题。运梁车有大轮胎及小轮胎两大类型。

1.4 重大技术装备

1.4.4 架桥机

研制的 900、600、550、450 吨级架桥机达数十种，其中起吊方式有定点起吊和带梁移动起吊，均可通过运梁车自行驮运转场。新研制的架桥机和运梁车均实现了机、电、液一体化，无级调速，可满足 32m 梁的安全运架。在 20km 运架范围内，可达到日均架梁 2 孔。

1.4 重大技术装备

1.4.5 造桥机

为满足特殊地段的施工要求，桥位处采用造桥机制梁，分为移动模架现浇、移动支架节段拼装两种方法。研制的上行式和下行式的造桥机，可完成 32 ～ 64m 整孔箱梁的桥位制梁。上行式不受桥墩结构形式影响，适应性广。

中

MAJOR BRIDGES OF HIGH-SPEED RAILWAY IN CHINA

2 混凝土连续梁、刚构桥

2.1 前言

如果将千姿百态遍布各地的雕塑艺术称为凝固的音乐，则横跨大江大河飞越深谷高峡的现代桥梁无异于凝固的力量。如果把美轮美奂的亭台楼宇比作风姿绰约的妙龄少女，刚劲飘逸的墩梁臂柱则俨然英俊潇洒的运动健儿。

在 21 世纪的今天，钢筋和混凝土已经是妇孺皆知的最最普通的词语，而桃李无言，下自成蹊，正是这最最普通的钢筋和混凝土，像古琴师手上的焦尾枯桐，在掌握了现代化先进技术的桥梁设计和建造师手上，弹出了最最优美的音符，引领了新世纪初高速铁路桥梁建设的主流。

由于连续梁及刚架结构桥梁在结构受力和变形特性方面的先天优势，这种结构千百年来一直受到桥梁建造师的青睐。随着钢筋混凝土特别是近百年来预应力混凝土技术的出现和普及，该类结构桥梁的建设更加如虎添翼，取得了迅猛的发展。而近年来高强度预应力筋、高性能混凝土和各种与之相适应的施工工艺的出现和普及，更如春风化雨般地促进了其成长发育，使其跨越能力和对各种建造环境的适应能力都取得了长足的进展。

混凝土连续梁桥在国内外高速铁路建设中被广泛采用，根据有关资料记载，德国高速铁路美因桥采用主跨 130m 的连续梁，悬臂灌注施工；西班牙马德里经萨拉戈萨到法国边界的高速铁路埃布罗河预应力混凝土连续梁桥主跨 120m；日本高速铁路新干线预应力混凝土连续梁最大跨度 110m；法国 TGV 高速铁路预应力混凝土连续箱梁，跨度一般为 40 ~ 80m。我国秦沈客运专线跨阜锦公路特大桥预应力混凝土连续梁主跨 80m。德国汉诺威—维尔茨堡铁路新干线上的巴特尔山谷桥采用预应力混凝土连续梁，全长 1166m，该桥在梁端与桥台之间设置了彼此不连通管的压力式徐变连接器，避免在桥梁中部高墩处设置强大的制动墩。法国地中海线上的 Grenette 桥桥跨布置为（2 × 41+47+6 × 53）m+53m+(6 × 53+47+2 × 41)m 两联连续梁，联长 447m，于桥台处设固定支座，桥梁中部简支梁处安装了钢轨温度调节器。通过这些典型桥梁可见国内外高速铁路混凝土连续梁桥建设现状之一斑。

跨入本世纪十余年来，中国高速铁路建设突飞猛进，不但要跨越江河湖海、沟谷天堑，还要跨越交通要道、人工壕渠，使得桥梁在铁路中所占的比例越来越大。且这些需要跨越的地方条件严苛，桥位资源和交叉角度选择的余地都非常有限，使得桥梁跨度需求与时俱长。更由于对桥梁结构在结构刚度、变形平顺、乘坐舒适等方面的特殊要求，连续梁、刚构这类桥式当之无愧地成为高速铁路中等跨度桥梁的设计首选和应用主流。

本章共收入预应力混凝土连续梁、连续刚构类桥梁 39 座，约占全书桥梁总数的 50%。其中标准设计混凝土连续梁桥及刚构连续梁桥 3 座，非标准设计预应力混凝土连续梁桥 20 座，预应力混凝土连续刚构桥 10 座，长联、高墩、大跨混凝土连续梁桥及刚构桥 6 座。所选桥梁中最大跨度 185m（广珠城际铁路容桂水道特大桥），最大联长 1340m（钱塘江新桥）。这些桥梁中，采用悬臂浇注法施工的 34 座，顶推法施工 1 座，旋转法施工 1 座，膺架现浇法施工 3 座。下面简要分述本章收录的各类桥梁的主要特点。

2.1.1 标准设计混凝土连续梁桥及刚构连续梁桥

中小跨度的预应力或非预应力混凝土刚构连续梁桥在国外早有采用，秦沈客运专线建设时在我国首次采用，由于其梁板薄和墩壁斜做发挥了巧妙利用空间、增大跨越能力的优势，深受青睐，特别是在一些需要跨越斜交道路的场合不失为一种比较理想的结构形式。而中等跨度的预应力混凝土连续梁则由于其较一般常用跨度的简支梁具有较大的跨越能力，可以有效地避开交通干扰或一些既有建筑物的施工干扰，在工程实践中广为采用。因而，近年来，为满足高速铁路建设的发展需要，编制了多种标准设计图纸，供设计时采用。

本章共收入标准设计的中小跨度连续梁桥与刚构连续梁桥3座，其中刚构连续梁桥1座，跨度（16+3×24+16）m，采用满布膺架法施工；连续梁桥 2 座，其中京沪高铁天津特大桥跨独流减河堤跨度（60+100+60）m，秦沈客运专线跨阜锦公路特大桥跨度（48+80+48）m，采用悬臂灌注法施工。

2.1.2 非标准设计预应力混凝土连续梁桥

本章所选的 20 座非标准设计预应力混凝土连续梁桥中，有 4 座位于道岔上，它们是武广客运专线昌山特大桥、太中银铁路前王家山 1 号大桥、京沪高速铁路天津南站高架桥和厦深铁路韩江特大桥。这些桥梁跨度多在 50m 以内，最大跨度 88m。道岔上的桥梁需要严密调整道岔与桥梁结构的相对位置，严格控制桥梁变形对轨道的影响，并对桥面宽度变化进行构造处理。

石太客运专线石咀大桥为两幅单线桥，设计分别采用 4 孔和 5 孔跨度 40m 的等高度箱形截面连续梁，多点顶推法施工，做到了因地制宜，施工工艺简单，由于施工机具可以倒用，取得了良好的经济效益。

包西铁路跨西禹高速立交特大桥采用（23+41+96+41+23）m 的 V 形支撑连续梁，减少基础施工对公路的干扰，并可有效降低结构建筑高度，且 V 形墩线形流畅，景观效果好。

主跨跨度 100m 以上的连续梁桥 13 座，其中福厦铁路乌龙江特大桥、京津城际铁路跨北京五环路主桥、广珠城际铁路桂洲水道特大桥、广深港客运专线跨蕉门水道特大桥、甬温铁路瓯江特大桥、温福铁路鳌江特大桥（浙江）、武广客运专线陆水特大桥、杭甬客运专线曹娥江特大桥、沪宁城际铁路京杭运河特大桥和娄蕴特大桥等 10 座桥梁主跨均在 120m 以上，福厦铁路乌龙江特大桥主跨为 144m。

联长 300m 以上的连续梁桥 11 座，其中福厦铁路乌龙江特大桥、甬温铁路瓯江特大桥、温福铁路飞云江特大桥、武广客运专线株洲西湘江特大桥和衡阳湘江特大桥、广珠城际铁路石岐河特大桥、杭甬客运专线曹娥江特大桥等 7 座桥梁的联长均在 500m 以上，温福铁路飞云江特大桥 9 孔 1 联长达 656m。

这些桥梁大多采用了三向预应力，预应力筋采用 1860MPa 高强度低松弛钢绞线，混凝土强度等级采用 C50、C55、C60。

2.1.3 预应力混凝土连续刚构桥

本章所选入的各类刚构架桥梁 9 座，可分为 3 个部分。

其一是 2 座斜撑类刚构架，郑西客运专线偃师特大桥（48+80+48）m 预应力混凝土 V 形墩连续刚构和石太客运专线孤山特大桥（42.5+60+42.5）m 预应力混凝土斜腿刚构。前者在施工时为避免对所跨越公路的干扰，采用在路两侧支架上顺路现浇两个 V 形桥墩和部分梁段，然后水平转体合龙跨中。后者采用直立浇注斜腿然后竖向旋转就位，借助于拉锚装置的平衡作用悬臂浇注水平梁段。两桥施工方法各依其境，颇具匠心。

其二是 2 座预应力混凝土 T 形刚构，它们是武广客运专线黄土湾大桥和太中银铁路前王家山 2 号大桥。这两座桥的 T 构横梁伸臂分别为 70m 和 100m，墩高 37.5m 和 47.5m。

其三是连续刚构桥，这些桥梁多为跨越深谷宽河，因而多高墩大跨。这些桥联长均超过 300m。广珠城际铁路容桂、小榄水道特大桥为（108+2×185+115）m 和（100+155+100）m 连续刚构，联长达 593m/355m。广深港客运专线沙湾水道特大桥为（104+2×168+112）m 跨度的 4 孔连续刚构，联长达 552m。由于各桥桥式和桥址所处的地理位置和环境的不同，对设计提出了不同的要求，从而使得不同的设计者各展奇思，采用不同的桥墩形式以优化桥梁结构在水流、地震、列车、温差等动、静力作用下的受力状态，以达到合理设计的目的。

这些桥梁大多采用了三向预应力，预应力筋采用 1860MPa 高强度低松弛钢绞线，混凝土强度等级采用 C50、C55、C60。

2.1.4 长联、高墩、大跨混凝土连续梁桥及刚构桥

本章收入此类桥梁共 6 座，其中刚构连续梁组合结构桥 4 座，高墩大跨连续刚构桥 1 座，长联连续梁桥 1 座。

杭州钱江铁路新桥采用跨度为（45+65+14×80+65+45）m 的 18 孔一联预应力混凝土连续梁，联长达 1341.7m，为当今中国混凝土连续梁桥联长之最。主梁采用单箱三室截面，以适应四线宽桥的要求。

太中银铁路吴堡黄河特大桥、温福铁路白马河特大桥主跨均在 120m 以上，联长均超过 500m。太中银铁路跨河口庙水库特大桥主跨 168m，施工悬浇长度 86.5m。

前面讲过，这里所选入的桥梁中绝大部分采用悬臂浇注法施工。为什么人们对这种施工方法情有独钟？因为这种方法充分利用所建造桥梁的结构特点，要求设备简单，施工精度高，速度快，干扰少。

如果说连续梁被广泛采用是人们对桥梁结构理论的巧妙利用，第一次应用也许是妙手偶得，那么预应力混凝土连续梁则是人们对材料理论的智慧发挥，是着意的创造；而悬臂浇注法建造大跨度的预应力混凝土桥梁，则是桥梁建造师们将这种桥式的结构特征与简单便捷的材料机具性能天衣无缝的结合，既像是刻意创作，又像是信手拈来，不能不说是人间奇迹。

这里所展现的，虽然不是灵感通天的美术家神来之笔挥毫泼墨描绘的精美画卷，然而当您仔细地当然也会是赏心悦目地浏览完这里的图片和文字之后，一定会由衷地觉得，它是匠心独运的桥梁设计和建造师们用最最普通的建筑材料——钢筋和混凝土谱写出来的华美乐章。

2.2 标准设计混凝土连续梁桥及刚构连续梁桥

2.2.1 京沪高速铁路天津特大桥跨独流减河堤主桥

桥型：预应力混凝土连续梁

孔跨：(60+100+60) m

桥址：天津市 西青区

审查单位：铁道部工程设计鉴定中心

设计单位：铁道第三勘察设计院集团有限公司

施工单位：中铁十九局集团有限公司

开工日期：2008 年 4 月

完工日期：2011 年 6 月

简介：

京沪高速铁路天津特大桥于 DK135+783.60 跨越独流减河左大堤，二者交叉角度 67°。大堤顶宽 9.0m，沥青路面，堤高 8.0m，边坡坡率 1:3。大堤背水坡坡脚有平行大堤的石油管道，管道直径 550mm，埋深 1050mm。水利部门要求大堤迎水坡范围不得设置桥墩，同时基础施工不应破坏既有边坡；石油管道部门要求桥梁基础距离管线净距不小于 5.0m。结合水利和石油管道部门要求，京沪高速铁路采用 (60+100+60) m 连续梁跨越独流减河左大堤，圆端形桥墩，桩基础。(60+100+60) m 连续梁采用悬臂灌注法施工。

2.2 标准设计混凝土连续梁桥及刚构连续梁桥

2.2.2 秦沈客运专线跨阜锦公路特大桥

桥型：预应力混凝土连续梁

孔跨：(48+80+48)m

桥址：辽宁省 锦州市

审查单位：铁道部工程设计鉴定中心

设计单位：铁道第三勘察设计院集团有限公司

施工单位：中铁十四局集团有限公司

开工日期：1999 年 10 月

完工日期：2003 年 10 月

简介：

秦沈客运专线跨阜锦公路特大桥中心里程 DK183+556.02，梁跨布置 24×24m、16×32m 单线简支箱梁，(48+80+48)m 预应力混凝土连续梁，全长 879.4m。本桥为跨越阜锦公路及京沈高速公路互通立交的两个匝道而设。主跨 80m 的连续梁，为本线桥梁的最大跨度。本桥双线耳墙式桥台，双柱式桥墩，连续梁采用板式桥墩。本桥连续梁采用挂篮悬臂灌注施工，简支梁采用架桥机架设施工。

CRH

2.2 标准设计混凝土连续梁桥及刚构连续梁桥

2.2.3 秦沈客运专线跨102国道3号桥

桥型：钢筋混凝土刚构连续梁

孔跨：(16+3×24+16)m

桥址：辽宁省 沈阳市

审查单位：铁道部工程设计鉴定中心

设计单位：铁道第三勘察设计院集团有限公司

施工单位：中铁一局集团有限公司

开工日期：1999 年 10 月

完工日期：2003 年 10 月

简介：

跨 102 国道 3 号大桥，预留了道路扩宽的条件，布置一联 (16+3×24+16)m 斜交刚构连续梁，按斜交法向角 35° 设计。顺道路斜交方向设置，所以减小了桥跨；梁部建筑高度低，可以降低线路填土高度。本桥采用斜交刚构连续梁，不仅解决了桥式方案的难题，而且有效降低了工程投资。采用变截面实体板梁，桥墩为板式墩，一字形桥台，钻孔桩基础。主梁、刚壁墩及边墩双线分离设置，两线之间设 2cm 的施工缝，桥墩基础和桥台双线联合设置。为使桥梁结构与路基之间刚度变化能够良好过渡，在桥台后设置了异型混凝土块体，块体尾设置成与铁路垂直。主梁施工方法为满布支架现浇。

2.3 非标准设计预应力混凝土连续梁桥

2.3.1 京津城际铁路北京特大桥跨北京五环路主桥

桥型：预应力混凝土连续梁

孔跨：(80+128+80)m

桥址：北京市 朝阳区

审查单位：铁道部工程设计鉴定中心

设计单位：铁道第三勘察设计院集团有限公司

施工单位：中铁二局集团有限公司

开工日期：2006 年

完工日期：2008 年

简介：

京津城际高速铁路北京特大桥跨越北京五环路主路及辅路，主桥采用 (80+128+80)m 预应力混凝土连续梁。截面采用单箱单室、变高度、变截面直腹板形式，中支点梁高 9.6m，边支点及跨中梁高 5.6m。桥上铺设无砟轨道。本梁采用三向预应力体系，采用钢筋混凝土矩形桥墩及直径为 1.5m 的钻孔桩基础，采用悬臂灌注结合支架现浇的方法施工。

2.3 非标准设计预应力混凝土连续梁桥

2.3.2 京沪高速铁路天津南站高架桥

桥型：现浇预应力混凝土道岔连续梁

孔跨：(27.15+3×28+27.15)m、(31.8+5×32.7+31.8)m

桥址：天津市 西青区

审查单位：铁道部工程设计鉴定中心

设计单位：铁道第三勘察设计院集团有限公司

施工单位：中铁十九局集团有限公司

开工日期：2009 年

完工日期：2010 年

简介：

(27.15+3×28+27.15)m 道岔区左端（4 股道）桥面总宽 20.93m，右端（6 股道）桥面总宽 35.53m，两端桥面宽度差 14.60m，宽度变化较大，两幅桥间留 10cm 施工缝，则每幅桥小里程端宽度 10.415m，大里程端宽度 17.715m，两端桥面宽度差 7.30m。经过论证采用 (27.15+3×28+27.15)m 三幅桥方案，各幅桥间留 10cm 施工缝，边幅桥小里程端宽度 5.89m，大里程端宽度 11.665m，两端桥面宽度差 5.775m；中幅桥小里程端宽度 8.95m，大里程端宽度 12.0m，两端桥面宽度差 3.05m。根据道岔构造及高速行车要求，42 号无缝道岔区不得设置梁缝，且尖轨尖端及心轨跟端到梁缝的距离不小于 30m，采用了 (31.8+5×32.7+31.8)m 预应力混凝土连续道岔梁，满足布置 42 号大号码无缝道岔的需要。梁体为单箱双室等高度、变宽的斜腹板箱梁结构，梁高 3.05m，箱梁顶板宽 12.0 ~ 15.50m，底板宽 5.95 ~ 9.17m，均采用满布支架现浇法施工。

2.3 非标准设计预应力混凝土连续梁桥

2.3.3 武广客运专线陆水特大桥

桥型：预应力混凝土连续梁

孔跨：(70+125+70)m

桥址：湖北省 赤壁市

审查单位：铁道部工程设计鉴定中心

设计单位：中铁第四勘察设计院集团有限公司

施工单位：中铁十一局集团有限公司

开工日期：2006 年

完工日期：2008 年

简介：

陆水特大桥位于湖北省赤壁市内，桥位沿着京珠高速公路走行，跨越陆水河。陆水河为通航河流，V 级（3）等航道，桥址处岩溶发育。采用 (70+125+70)m 大跨度预应力混凝土连续梁。主梁截面采用单箱单室直腹板变截面，中支点梁高 9.2m，中跨中梁高 5.2m。连续梁主墩采用圆端形实体墩，桩基础。连续梁采用悬灌施工。

2.3 非标准设计预应力混凝土连续梁桥

2.3.4 武广客运专线株洲西湘江特大桥

桥型：预应力混凝土连续梁

孔跨：(60+5×100+60)m

桥址：湖南省 株洲市

审查单位：铁道部工程设计鉴定中心

设计单位：中铁第四勘察设计院集团有限公司

施工单位：中铁大桥局集团有限公司

开工日期：2006 年

完工日期：2008 年

简介：

株洲西湘江特大桥位于湘潭县与株洲交界的马家河镇东北约 4.8km，桥址处江面开阔，水流顺畅，河宽 660m。湘江为Ⅲ级 (2) 等航道。主桥采用 (60+5×100+60)m 预应力混凝土连续梁，主桥长度 621.50m。主梁截面采用单箱单室直腹板变截面，中支点梁高 7.85m，中跨中梁高 4.85m。主桥采用圆端形实体墩，14Φ2.00m 桩基础。本桥连续梁两端边跨处设钢轨伸缩调节器。连续梁采用悬灌施工。

2.3 非标准设计预应力混凝土连续梁桥

2.3.5 武广客运专线衡阳湘江特大桥

桥型：预应力混凝土连续梁

孔跨：(64+4×116+64)m

桥址：湖南省 衡阳市

审查单位：铁道部工程设计鉴定中心

设计单位：中铁第四勘察设计院集团有限公司

施工单位：中铁大桥局集团有限公司

开工日期：2006 年

完工日期：2008 年

简介：

衡阳湘江特大桥于衡阳市以北 15km 站门前人渡附近跨越湘江，桥址处湘江江面宽 600 ~ 650m，湘江为Ⅲ级（2）等航道。主桥采用 (64+4×116+64)m 预应力混凝土连续梁，主桥长 593.5m。主梁截面采用单箱单室直腹板变截面，中支点梁高 8.9m，中跨中梁高 5.2m。主桥采用圆端形实体墩，连续梁主墩采用 14Φ2.00m 桩基础。连续梁两端边跨处设钢轨伸缩调节器。连续梁采用悬灌施工。

和谐号
CRH

2.3 非标准设计预应力混凝土连续梁桥

2.3.6 武广客运专线昌山特大桥

桥型：预应力混凝土连续梁

孔跨：5×32m

桥址：广东省 乐昌市

审查单位：铁道部工程设计鉴定中心

设计单位：中铁第四勘察设计院集团有限公司

施工单位：中铁十五局集团有限公司

开工日期：2006 年

完工日期：2008 年

简介：

昌山特大桥位于广东省乐昌市，其中 5×32m 连续梁是国内首次设计施工的高速铁路车站道岔区双线变四线变截面桥梁，主桥长 143m。梁体为等高度、变宽度连续箱梁，截面由单箱三室直接变为单箱单室。梁高 3.05m，箱梁顶板全宽 13.4 ～ 24.354m。主梁梁部采用支架现浇施工方法。

2.3 非标准设计预应力混凝土连续梁桥

2.3.7 广珠城际铁路桂州水道特大桥

桥型：预应力混凝土连续梁

孔跨：(85+135+85)m

桥址：广东省 顺德市

审查单位：铁道部工程设计鉴定中心

设计单位：中铁第四勘察设计院集团有限公司

施工单位：中铁三局集团有限公司

开工日期：2006 年

完工日期：2010 年

简介：

广珠城际铁路桂州水道特大桥位于广东省顺德市，跨越桂州水道。根据桥位处地形条件、通航要求等实际情况，主桥采用了 (85+135+85)m 连续梁。端支座及边跨直线段和跨中梁高 5.2m，中支点梁高 9.4m，为单箱单室直腹板。主梁设计为三向预应力体系。桥上铺设无砟轨道。连续梁主墩采用圆端形实心墩，最大墩高 20.5m。基础采用直径为 2.0m 的桩。主梁采用悬臂灌注法施工，先合龙边跨，最后合龙中主跨。

2.3 非标准设计预应力混凝土连续梁桥

2.3.8 广珠城际铁路石岐河特大桥

桥型：预应力混凝土连续梁

孔跨：(60+4×110+60)m

桥址：广东省 中山市

审查单位：铁道部工程设计鉴定中心

设计单位：中铁第四勘察设计院集团有限公司

施工单位：中铁八局集团有限公司

开工日期：2006 年

完工日期：2010 年

简介：

广珠城际铁路石岐河特大桥位于广东省中山市，分别跨越规划 35 号公路支线、石岐河、规划 35 号公路辅线、35 号公路长江大桥引桥。主桥设计采用了 (60+4×110+60)m 连续弯梁（R=3000m）。跨中梁高 4.75m，中支点梁高 7.5m，箱梁横截面为单箱单室直腹板。设计为纵、横、竖三向预应力体系，采用 C60 高性能混凝土。本桥采用悬灌施工。

2.3 非标准设计预应力混凝土连续梁桥

2.3.9 广深港客运专线跨蕉门水道特大桥

桥型：预应力混凝土连续梁

孔跨：(70+2×135+70)m

桥址：广东省 广州市

审查单位：铁道部工程设计鉴定中心

设计单位：中铁第四勘察设计院集团有限公司

施工单位：中铁十四局集团有限公司

开工日期：2007 年 12 月

完工日期：2009 年 2 月

简介：

本桥连续梁为跨越 V 级航道蕉门水道而设。跨度为 (70+2×135+70)m 预应力混凝土连续梁。主梁采用单箱单室变高度箱形截面，跨中及边支点梁高 5.8m，中支点梁高 10.0m。主梁除 0 号梁段、边孔直线段在支架上施工外，其余梁段均采用挂篮悬臂浇注，最大悬臂浇注块件重 241.5 吨。

2.3 非标准设计预应力混凝土连续梁桥

2.3.10 武汉天兴洲长江大桥南引桥

桥型：预应力混凝土连续梁

孔跨：(57.3+100+70+39.3)m

桥址：湖北省 武汉市

审查单位：铁道部工程设计鉴定中心

设计单位：中铁第四勘察设计院集团有限公司

施工单位：中铁五局集团有限公司

开工日期：2006 年

完工日期：2010 年

简介：

武汉天兴洲长江大桥南引桥为四线铁路桥（两条 I 级干线、两条客运专线），线间距从左至右依次为 4.2m、8.6m、5.0m，四线桥按两幅双线桥设计，桥高 31m，有砟桥面。客运专线跨度 (57.3+100+70+39.3)m 连续梁位于 R=6000m 圆曲线上。桥位处连续上跨和平大道、东湖港一干渠、二干渠、水泥厂路及武钢水厂 Φ0.8m 的自来水管，且斜交角度不同。主梁采用单箱单室直腹板截面，端支座及直线段和跨中梁高 4.85m，中支点梁高 7.85m。梁体采用三向预应力体系，不对称连续梁悬臂现浇与支架现浇相结合。

2.3 非标准设计预应力混凝土连续梁桥

2.3.11 沪宁城际铁路娄蕴特大桥

桥型：预应力混凝土连续梁

孔跨：(85+135+85)m

桥址：江苏省 昆山市

审查单位：铁道部工程设计鉴定中心

设计单位：中铁第四勘察设计院集团有限公司

施工单位：中交第一公路工程局有限公司

开工日期：2008 年

完工日期：2010 年

简介：

沪宁城际铁路娄蕴特大桥主跨跨越震川西路及娄江。采用 (85+135+85)m 预应力混凝土连续梁。梁体为直腹板、单箱单室、变高度、变截面箱形结构，梁底按圆曲线变化。中支点梁高 10.2m，边支点和跨中梁高 6.0m。箱梁顶宽 12.2m，底宽 7.0m。结构采用三向预应力体系设计。主墩采用钢筋混凝土圆端形桥墩，直径为 1.5m 的钻孔桩基础。采用挂篮悬臂灌注施工方法。

2.3 非标准设计预应力混凝土连续梁桥

2.3.12 杭甬客运专线曹娥江特大桥

桥型：预应力混凝土连续梁

孔跨：(76+3×120+76)m

桥址：浙江省 绍兴市

审查单位：铁道部工程设计鉴定中心

设计单位：中铁第四勘察设计院集团有限公司

施工单位：中铁十七局集团有限公司

开工日期：2009 年

完工日期：2011 年

简介：

桥址处曹娥江宽 650m，地势平坦，河道弯曲，河流与线路夹角为 135°。主桥采用 (76+3×120+76)m 连续梁，梁体为单箱单室、变高度、变截面结构，设计为纵、横、竖三向预应力体系。主墩墩高 14.35m，采用带顶帽圆形墩，圆墩直径 6.5m。采用钻孔桩基础。

2.3 非标准设计预应力混凝土连续梁桥

2.3.13 石太客运专线石咀大桥

桥型：预应力混凝土连续梁

孔跨：5×40m、4×40m

桥址：山西省 盂县

审查单位：铁道部工程设计鉴定中心

设计单位：铁道第三勘察设计院集团有限公司

施工单位：中铁十三局集团有限公司

开工日期：2007 年

完工日期：2008 年

简介：

石咀大桥为石太客运专线跨越山谷及道路而设，桥高 41m。桥位处为双线分离，故桥梁为两座单线桥。左右线分别为 4×40m、5×40m 单线预应力混凝土连续梁。两座单线桥都采用多点连续顶推工艺施工。

和谐号
CRH

2.3 非标准设计预应力混凝土连续梁桥

2.3.14 太中银铁路前王家山1号大桥

桥型：预应力混凝土道岔连续梁

孔跨：(32+3×55+32)m

桥址：陕西省 吴堡县

审查单位：铁道部工程设计鉴定中心

设计单位：铁道第三勘察设计院集团有限公司

施工单位：中交第二公路工程局有限公司

开工日期：2007 年

完工日期：2010 年

简介：

桥址处属吕梁山脉，地形起伏较大，冲沟发育，墩位处最深沟高度可达到 50m。为了跨越深沟及满足铁路轨道的平顺性要求，确保列车的运行安全和舒适，前王家山 1 号大桥采用 (32+3×55+32)m 预应力混凝土道岔连续梁。梁体采用单箱单室等宽度直腹板箱形截面，中支点梁高 6m，跨中及边支点梁高 3.5m，三向预应力体系。采用悬臂灌注法施工。

2.3 非标准设计预应力混凝土连续梁桥

2.3.15 甬台温铁路瓯江特大桥

桥型：预应力混凝土连续梁

孔跨：(70+3×120+70)m

桥址：浙江省 温州市

审查单位：铁道部工程设计鉴定中心

设计单位：中铁第四勘察设计院集团有限公司

施工单位：中铁大桥局集团有限公司

开工日期：2005 年

完工日期：2009 年

简介：

甬台温铁路瓯江特大桥位于温州市内，跨越瓯江，桥址江面宽约 1300m，最大水深达 20m。桥址河段通航 1000 吨级海轮，主桥采用 (70+3×120+70)m 连续梁。采用圆端形实体桥墩，钻孔桩基础。采用挂篮悬臂浇注施工方法。

2.3 非标准设计预应力混凝土连续梁桥

2.3.16 温福铁路鳌江特大桥

桥型：预应力混凝土连续梁

孔跨：(72+130+72)m

桥址：浙江省 温州市

审查单位：铁道部工程设计鉴定中心

设计单位：中铁第四勘察设计院集团有限公司

施工单位：中铁十八局集团有限公司

开工日期：2005 年

完工日期：2009 年

简介：

温福铁路鳌江特大桥跨越 104 国道，道路总宽 25m，净高要求 5.5m，铁路与道路交角 16°。为满足净空要求，主桥采用 (72+130+72)m 预应力混凝土曲线连续梁。跨中梁高 5.29m，中支点梁高 9.29m，采用三向预应力体系。采用钢筋混凝土矩形桥墩，钻孔桩基础。本桥采用挂篮节段悬浇施工方法。

2.3 非标准设计预应力混凝土连续梁桥

2.3.17 温福铁路飞云江特大桥

桥型：预应力混凝土连续梁

孔跨：(48+7×80+48)m

桥址：浙江省 温州市

审查单位：铁道部工程设计鉴定中心

设计单位：中铁第四勘察设计院集团有限公司

施工单位：中铁大桥局集团有限公司

开工日期：2005 年

完工日期：2009 年

简介：

桥址位于浙江省温州市飞云江下游，距河口约 14km，该处河道基本顺直。桥址处河宽约 700m，最大水深 20m 左右。主桥孔跨布置采用 (48+7×80+48)m 长联混凝土连续梁。主梁采用单箱单室、直腹板、变高度箱形截面。跨中及边支点梁高 3.8m，中支点梁高 6.6m。主梁设计为纵、横、竖三向预应力体系。

2.3 非标准设计预应力混凝土连续梁桥

2.3.18 厦深铁路韩江特大桥

桥型：预应力混凝土道岔连续梁

孔跨：(48+2×80+88+48)m

桥址：广东省 潮州市

审查单位：铁道部工程设计鉴定中心

设计单位：中铁二院工程集团有限责任公司

施工单位：中铁十九局集团有限公司

开工日期：2008 年 10 月

完工日期：2011 年 2 月

简介：

韩江特大桥跨越韩江北溪、东溪、西溪、广梅汕铁路和 S232、S233 省道，东溪、西溪为 V 级航道，北溪为 VII 级航道，桥梁全长 17634m。广梅汕铁路疏解联络线在跨西溪河段桥上出岔，线路由二变四，受通航、行洪控制，出岔段采用 (48+2×80+88+48)m 变宽连续梁，梁体长 345.5m。标准段桥面板宽 12.2m，底板宽 6.7m，挡碴墙内侧净宽 9.0m；变宽段桥面板宽 12.2 ~ 26.76m，底板宽 6.7 ~ 21.66m，挡碴墙内侧净宽 9.0 ~ 23.96m；边跨端部 13.75m 梁段以及第 2、3、4 跨中部 10m、10m、18m 梁段为等高梁段，梁高 4.5m，中支点梁高 7.5m。梁体采用单箱双室直腹板变截面箱梁，中腹板沿纵向直线拉通，两边腹板随梁宽变化。该变宽道岔连续梁为目前国内最大跨度变宽道岔连续梁；支座采用带速度锁定器的减隔震支座；道岔连续梁宽度变化较大，悬臂浇注的最大宽度为 26.56m。

2.3 非标准设计预应力混凝土连续梁桥

2.3.19 福厦铁路乌龙江特大桥

桥型：预应力混凝土连续梁

孔跨：(80+3×144+80)m

桥址：福建省 福州市

审查单位：铁道部工程设计鉴定中心

设计单位：中铁二院工程集团有限责任公司

施工单位：中铁大桥局集团有限公司

开工日期：2006 年 7 月

完工日期：2008 年 11 月

简介：

乌龙江特大桥位于福州市南郊。乌龙江为通航河道，规划航道等级为内河 IV 级，通航 500 吨级货船，通航净空 120×8m。福厦铁路为东南沿海客运专线的组成部分，旅客列车设计时速 250 公里。该桥位于 324 国道乌龙江公路桥下游约 200m，乌龙江公路桥为 (58+3×144+58)m 的 T 构桥。铁路桥与公路桥相隔较近，为利于通航，采用对孔布置。主桥为 (80+3×144+80)m 连续梁桥，1 孔 80m 和 1 孔 144m 跨位于曲线上，梁体按平面曲线梁制作。梁体采用预应力混凝土箱梁结构，截面为单箱单室直腹板变高度形式。箱宽 7.2m，梁端和主跨跨中梁高 6m，中支点梁高 11m。设三向预应力。曲线梁上采用球型支座，对缓解梁体平弯引起的支反力异常有明显效果。成功运用大吨位减隔震支座，解决了长联大跨连续梁抗震难题。本桥取消了钢轨伸缩调节器，通过采用加密轨枕、设置小阻力扣件、提高锁定轨温等综合措施来保持轨道的稳定、降低钢轨应力。施工独创的"水中锚碇系统辅助定位的板凳式钻孔平台"，是在水深流急无覆盖层条件下施工钻孔桩的又一创新工艺，为解决无覆盖层条件下的深水基础施工问题提供了新的施工范例。主梁采用悬臂灌注法施工。

2.3 非标准设计预应力混凝土连续梁桥

2.3.20 包西铁路跨西禹高速立交特大桥

桥型：预应力混凝土 V 撑连续梁

孔跨：(23+41+96+41+23)m

桥址：陕西省 蒲城县

审查单位：铁道部工程设计鉴定中心

设计单位：中铁第一勘察设计院集团有限公司

施工单位：中铁十一局集团有限公司

开工日期：2008 年 10 月

完工日期：2009 年 10 月

简介：

包西铁路跨西禹高速立交特大桥为跨越西禹高速公路而设，公路远期规划双向八车道，与本线夹角 47°。由于线路高度较低，采用 (23+41+96+41+23)m 的 V 形支撑连续梁可有效降低结构建筑高度，且 V 形墩线形流畅，景观效果好。主梁采用单箱单室等高度箱形截面，除 V 撑三角区内梁高 4.2m 外，其余梁段梁高均为 4.0m。V 撑中心夹角 100°，高 11.0m，厚 1.8m。本桥的主要技术特点在于为提高梁体竖向刚度，在边跨设置了辅助墩；同时为增加辅助墩的反力，采用了先形成 (64+96+64)m 的 V 撑连续梁，之后在辅助墩墩顶施加顶力，最终安装辅助墩支座，完成体系转换的施工顺序。

2.4 预应力混凝土连续刚构桥

2.4.1 石太客运专线孤山特大桥

桥型：预应力混凝土斜腿刚构

孔跨：(42.5+60+42.5)m

桥址：山西省 盂县

审查单位：铁道部工程设计鉴定中心

设计单位：铁道第三勘察设计院集团有限公司

施工单位：中铁十一局集团有限公司

开工日期：2007 年

完工日期：2008 年

简介：

孤山特大桥为石太客运专线跨越太行山深处的大峡谷和 314 省道而设，桥梁桥式采用 (42.5+60+42.5)m 的两座单线预应力混凝土斜腿刚构桥，桥上铺设无砟轨道。梁部采用单箱单室截面，端部梁高 3.0m，中跨中梁高 3.4m，中支点梁高 4.65m。采用斜腿竖做，转体就位，边跨支架现浇，中跨梁部悬臂浇注的施工方法。斜腿上部与梁部刚结，下部采用铰接形式与基础连接。通过对铰支座的研究，满足了大跨度斜腿刚构竖向转体施工对高承载、大转角铰支承的需求。

2.4 预应力混凝土连续刚构桥

2.4.2 广珠城际铁路容桂、小榄水道特大桥

桥型：预应力混凝土连续刚构

孔跨：(108+2×185+115)m 、(100+155+100)m

桥址：广东省 顺德市、中山市

审查单位：铁道部工程设计鉴定中心

设计单位：中铁第四勘察设计院集团有限公司

施工单位：中铁三局、八局集团有限公司

开工日期：2006 年

完工日期：2010 年

简介：

广珠城际铁路容桂、小榄水道特大桥分别跨越容桂、鸡鸭水道，主桥分别采用 (108+2×185+115)m 、(100+155+100)m 大跨度连续刚构。主梁采用单箱室截面，铺设无砟轨道，主梁设计为纵、横、竖三向预应力体系。中主墩采用空心墩，边主墩采用圆端形双薄壁墩，主墩基础采用钻孔桩。本桥主梁采用悬灌施工，最大悬臂浇注块重约 250 吨。梁体设计预留体外备用索。

2.4 预应力混凝土连续刚构桥

2.4.3 武广客运专线黄土湾大桥

桥型：预应力混凝土 T 形刚构桥

孔跨：(70+70)m

桥址：广东省 韶关市

审查单位：铁道部工程设计鉴定中心

设计单位：中铁第四勘察设计院集团有限公司

施工单位：中铁隧道局集团有限公司

开工日期：2006 年

完工日期：2008 年

简介：

黄土湾大桥位于广东省韶关市，跨越武江支流九峰水、红马电站道路。桥位处谷深坡陡，采用 (70+70)m 预应力混凝土 T 形刚构，主桥长 141.5m。主梁采用单箱单室直腹板变截面，中支点梁高 8.0m，边支点梁高 4.2m，墩高 37.5m。主墩采用矩形空心墩，桩基础。主桥 T 形刚构桥采用悬灌施工。

2.4 预应力混凝土连续刚构桥

2.4.4 武广高速铁路流溪河特大桥

桥型：预应力混凝土连续刚构

孔跨：(94+168+94)m

桥址：广东省 广州市

审查单位：铁道部工程设计鉴定中心

设计单位：中铁第四勘察设计院集团有限公司

施工单位：中铁四局集团有限公司

开工日期：2007 年

完工日期：2008 年

简介：

流溪河特大桥位于广州白云石井镇与佛山南海里水镇交界的洲村附近，跨越西华海水道，主桥采用 (94+168+94)m 预应力混凝土连续刚构，主桥长 356m。箱梁横截面为单箱单室直腹板，中墩梁高 11.0m，跨中梁高 5.5m。刚构主墩采用桩基础。连续刚构采用悬灌施工。采用调整主墩刚度以缩短温度跨度。桥上轨道采用小阻力扣件，控制钢轨的温度应力。

2.4 预应力混凝土连续刚构桥

2.4.5 广深港客运专线沙湾特大桥

桥型：预应力混凝土连续刚构

孔跨：(112+2×168+104)m

桥址：广东省 广州市

审查单位：铁道部工程设计鉴定中心

设计单位：中铁第四勘察设计院集团有限公司

施工单位：中铁十四局集团有限公司

开工日期：2008 年 3 月

完工日期：2009 年 11 月

简介：

广深港客运专线为时速 350 公里无砟轨道铁路，在广州境内跨越北江分汊河流的沙湾水道。主桥采用 (112+2×168+104)m 预应力混凝土连续刚构，联长达 553.6m，箱梁墩顶处为单箱单室直腹板，跨中梁高 6m, 中墩梁高 11.0m。中主墩采用圆形薄壁空心墩，边主墩采用圆端形双薄壁墩。采用钻孔桩基础。

2.4 预应力混凝土连续刚构桥

2.4.6 郑西客运专线偃师特大桥

桥型：预应力混凝土 V 形墩连续刚构

孔跨：(48+80+48)m

桥址：河南省 洛阳市

审查单位：铁道部工程设计鉴定中心

设计单位：中铁第四勘察设计院集团有限公司

施工单位：中铁十六局集团有限公司

开工日期：2006 年

完工日期：2009 年

简介：

郑西客运专线偃师特大桥主桥采用 (48+80+48)m 的 V 形墩连续刚构。梁体采用单箱单室斜腹板等高度箱形截面，梁高 3.65m。V 形墩身采用板式截面，钢筋混凝土结构，钻孔桩基础。沿公路方向采用满堂支架现浇施工成两个独立 V 形 T 构后，再平转至设计线位合龙成桥，转体重 3793 吨。

2.4 预应力混凝土连续刚构桥

2.4.7 太中银铁路前王家山2号大桥

桥型：预应力混凝土 T 形刚构

孔跨：(100+100)m

桥址：陕西省 吴堡县

审查单位：铁道部工程设计鉴定中心

设计单位：铁道第三勘察设计院集团有限公司

施工单位：中铁十六局集团有限公司

开工日期：2007 年

完工日期：2010 年

简介：

前王家山 2 号大桥位于陕西省吴堡县前王家山村附近，为跨越张家鄢沟及 307 国道而设，桥高 59m。主桥孔跨布置为 (100+100)m 的 T 形刚构。主梁为单箱单室变高度变截面箱梁结构，支点梁高 11.4m，端部梁高 4.5m, 三向预应力体系。主墩采用矩形空心墩，采用钻孔桩、挖井及明挖基础。采用挂篮悬臂灌注法施工。

2.4 预应力混凝土连续刚构桥

2.4.8 温福铁路田螺大桥

桥型：预应力混凝土连续刚构

孔跨：(88+160+88)m

桥址：福建省 宁德市

审查单位：铁道部工程设计鉴定中心

设计单位：中铁第四勘察设计院集团有限公司

施工单位：中铁大桥局集团有限公司

开工日期：2006 年

完工日期：2008 年

简介：

温福铁路田螺大桥位于福建省宁德市门夹头海湾，海湾水深处达 19m，受潮汐影响，通航 1000 吨级海轮。主跨采用 (88+160+88)m 预应力混凝土连续刚构。梁体采用单箱单室，墩顶梁高 9.8m，跨中梁高 5.0m，采用三向预应力体系。主墩墩身采用双壁墩。梁部采用悬臂浇注施工，基础采用双壁钢套箱围堰。

2.4 预应力混凝土连续刚构桥

2.4.9 遂渝铁路新北碚嘉陵江双线大桥

桥型：预应力混凝土连续刚构

孔跨：(94+168+84)m

桥址：重庆市 北碚区

审查单位：铁道部工程设计鉴定中心

设计单位：中铁二院工程集团有限责任公司

施工单位：中铁四局集团有限公司

开工日期：2004 年 1 月

完工日期：2006 年 12 月

简介：

遂渝铁路新北碚嘉陵江大桥位于重庆市北碚区，主桥采用 (94+168+84)m 预应力混凝土连续刚构，最大墩高 49m。梁体为单箱单室变高度变截面箱梁结构，支墩梁高 11.5m，跨中及边跨梁端梁高 6.0m。设置纵、横、竖三向预应力。首次铺设了新型无砟轨道——纵连板式无砟轨道。采用设置滑动层方案，未设置钢轨温度调节器。

2.5 长联、高墩、大跨混凝土连续梁桥及刚构桥

2.5.1 温福铁路白马河特大桥

桥型：预应力混凝土刚构连续梁

孔跨：(80+3×145+80)m

桥址：福建省 福安市

审查单位：铁道部工程设计鉴定中心

设计单位：中铁第四勘察设计院集团有限公司

施工单位：中铁大桥局集团有限公司

开工日期：2005 年 11 月

完工日期：2009 年 6 月

简介：

白马河特大桥位于福建省福安市，主桥采用 (80+3×145+80)m 预应力混凝土刚构连续梁。海水对混凝土结构具硫酸盐侵蚀、盐类结晶侵蚀、硫酸型酸性侵蚀。主梁横向为单箱单室直腹板截面，边跨直线段和跨中梁高 4.5m，中支点梁高 8.8m。梁体采用三向预应力体系。主墩采用矩形截面单柱空心墩，基础为钻孔桩。主梁采用悬臂灌注法施工，主跨合龙时，在合龙段两侧梁体上施加 5000kN 对顶力。

2.5 长联、高墩、大跨混凝土连续梁桥及刚构桥

2.5.2 太中银铁路跨河口庙水库特大桥

桥型：预应力混凝土连续刚构

孔跨：(96+168+96)m

桥址：陕西省 靖边县

审查单位：铁道部工程设计鉴定中心

设计单位：铁道第三勘察设计院集团有限公司

施工单位：中铁二局集团有限公司

开工日期：2007 年

完工日期：2010 年

简介：

太中银铁路跨河口庙水库特大桥主桥位于陕西省靖边县河口庙水库库尾，跨越狭长深谷，桥高 106m。主桥采用了 (96+168+96)m 预应力混凝土连续刚构。主梁采用单箱单室、直腹板、变高度箱形截面。跨中及边支点梁高 6.0m，中墩梁高 11.6m。设计为三向预应力体系。本桥桥高差异较大，太原侧边墩墩高 67m，中卫侧边墩墩高 33m。主墩墩高分别为 85m 和 69m，均采用钻孔灌注桩。本桥采用挂篮悬臂灌注法施工。

2.5 长联、高墩、大跨混凝土连续梁桥及刚构桥

2.5.3 太中银铁路吴堡黄河特大桥

桥型：预应力混凝土刚构连续梁

孔跨：(70+4×120+70)m

桥址：陕西省 吴堡县

审查单位：铁道部工程设计鉴定中心

设计单位：铁道第三勘察设计院集团有限公司

施工单位：中交第二公路工程局有限公司

开工日期： 2008 年

完工日期： 2010 年

简介：

太中银铁路吴堡黄河特大桥位于陕西省吴堡县城附近，主桥为 (70+4×120+70)m 预应力混凝土刚构连续梁，梁体为单箱单室变高度变截面箱梁结构，支点梁高 8.9m，跨中和边跨端部梁高 4.9m，主桥桥墩采用空心墩，桥墩最大高度为 73m。中间 3 个桥墩和主梁固结，其余两侧桥墩均设置支座。基础均采用钻孔灌注桩。采用悬臂浇注施工方法。

2.5 长联、高墩、大跨混凝土连续梁桥及刚构桥

2.5.4 杭州钱江铁路新桥

桥型：预应力混凝土连续梁

孔跨：(45+65+14×80+65+45)m

桥址：浙江省 杭州市

审查单位：铁道部工程设计鉴定中心

设计单位：中铁第四勘察设计院集团有限公司

施工单位：中铁大桥局集团有限公司

开工日期：2007 年 12 月

完工日期：2010 年 12 月

简介：

杭州钱江铁路新桥位于既有钱江二桥上游，与既有桥对孔布置，采用 (45+65+14×80+65+45)m 预应力混凝土连续梁，联长达 1341.7m。桥上有杭长、杭甬共四条客运专线。采用单箱三室截面，直腹板，跨中梁高 3.5m，支点梁高 6.5m。桥墩采用菱形实体墩，钻孔桩基础。

2.5 长联、高墩、大跨混凝土连续梁桥及刚构桥

2.5.5 渝利铁路新桥双线特大桥

桥型：预应力混凝土刚构连续梁

孔跨：(52+7×96+52)m

桥址：重庆市 涪陵区

审查单位：铁道部工程设计鉴定中心

设计单位：中铁二院工程集团有限责任公司

施工单位：中铁大桥局集团有限公司

开工日期：2009 年 3 月

完工日期：2011 年 3 月

简介：

渝利铁路新桥特大桥主桥采用 (52+7×96+52)m 刚构连续组合桥，其中 4 个主墩墩高均超过 100m，最大墩高为 116m。超百米高墩均设计为人字形矩形空心墩，墩梁刚接墩数为 4 个。梁体为单箱单室、变高度、变截面箱梁，跨中梁高 4.7m，中跨刚构墩顶梁高 7.7m。基础采用钻孔桩。

2.5 长联、高墩、大跨混凝土连续梁桥及刚构桥

2.5.6 渝利铁路蔡家沟特大桥

桥型：预应力混凝土刚构连续梁

孔跨：(80+3×144+80)m

桥址：重庆市 涪陵区

审查单位：铁道部工程设计鉴定中心

设计单位：中铁二院工程集团有限责任公司

施工单位：中铁大桥局集团有限公司

开工日期：2008 年 12 月

完工日期：2012 年 7 月

简介：

蔡家沟特大桥主桥选用 (80+3×144+80)m 跨度的刚构连续梁，刚构墩采用 A 形桥墩，最高墩墩高达 139.0m。梁体为单箱单室变高度变截面箱梁结构，墩顶梁高 11.0m，跨中梁高 6.0m。A 形超高墩设置横联，采用矩形空心截面，横联按部分预应力混凝土结构设计。根据地质、地形及墩高情况，采用整体式承台及带系梁的分离式承台。梁部采用悬灌法施工。

MAJOR BRIDGES OF HIGH-SPEED RAILWAY IN CHINA

3 钢梁桥

3.1 前言

在中国的铁路发展史中，钢桥是铁路大跨度桥梁的主要形式之一。同时，中国钢桥也是伴随着铁路的发展而发展的。从清末至建国前，尽管在中国 2.2 万公里铁路上，建造了约 340 公里 1.3 万余孔钢桥，但设计、技术、材料、建造等，大多为外国所垄断，而且由于受国力和科技水平的制约，万里长江上竟无一座跨江大桥。留给两岸人民的，只能是隔江相望、相看无缘。

新中国成立后，中国钢桥的发展驶入了快车道。随着年代的递进，发展速度越来越快。在选用新材料、研发新结构、探索新工艺、运用新技术等方面取得了一系列重大突破。从 1957 年到 2000 年，我国相继建成了武汉、南京、九江、芜湖四座在中国铁路桥梁史上具有里程碑意义的长江大桥，实现了规模越来越大、跨度越来越大、材料越来越新、结构越来越先进、技术含量越来越高的历史性跨越。

从 20 世纪 90 年代开始，在铁道部的主持和支持下，相关单位开始了对高速铁路大跨度钢桥的设计研究工作。经过 10 余年的努力，已经基本掌握了高速铁路大跨度钢桥的技术特点，解决了众多关键技术，成功建设了多座高速铁路大跨度钢桥。

进入 21 世纪，随着我国"中长期铁路网规划"和"十一五"规划的陆续实施，一大批高速铁路开工建设，钢桥由于其材料和结构的特性，成为了高速铁路大跨度铁路桥梁的首要选择。

本章所收录的高速铁路钢桥具有"大跨、高速"的特点。由于需要满足桥下通航的要求，大多采用了有较大跨越能力的拱桥和斜拉桥桥型。对于客车时速超过 200 公里的高速铁路桥梁而言，除必须满足强度、刚度要求外，还需考虑旅客舒适性的需要。因此选用合理的桥型能够提供整体刚度，良好的钢结构构造能够保证桥面结构整体性和平顺性，桥梁才能满足高速行车性能的需求。由于桥位资源有限，跨越大江大河的铁路桥梁除跨度大以外，往往同时搭载多线铁路或公路，使得结构恒载、活载重量均很大，例如南京大胜关长江大桥为四线铁路加两线轻轨，武汉天兴洲长江大桥为四线铁路荷载加六车道公路荷载，均是目前世界上设计荷载最大的桥梁。针对高速铁路大跨度钢桥的技术特点，本章所收录的多座高速铁路钢桥均采用了一系列新材料、新结构、新设备、新工艺。

1. 新材料

桥梁的重载加大了钢梁杆件的内力，使得杆件的设计难度加大，需要采用更高强度级别的钢材。南京大胜关长江大桥采用的高性能 Q420qE 新钢种，为后续修建的更大跨度和荷载的铁路桥梁提供了强有力的技术支持。

2. 新结构

（1）三片主桁空间桁架结构

由于搭载多线铁路或公路荷载，为了合理解决多线横向构件受力难题，同时减小主桁杆件内力，许多高速铁路大跨度桥梁采用了三片主桁的空间桁架结构，减少了构件的轮廓尺寸，有利于制造、运输和吊装，克服了对钢材强度等级的更高要求。

（2）钢正交异性板有砟整体桥面

桥面结构和轨道的平顺性是桥梁能否满足高速行车性能的关键因素。对于高速铁路桥梁，其桥面结构必须具有可靠的受力性能，足够的竖向、侧向和扭转刚度，同时还须解决共同作用给桥面结构带来的不利影响，才能满足高速行车安全与舒适的要求及结构受力安全的要求。南京大胜关长江大桥首次在国内大跨度高速铁路桁梁桥应用钢正交异性板有砟整体桥面结构，目前该新结构已广泛应用于正在建设的大跨度铁路桥梁。

（3）组合钢桁梁新结构

郑州黄河公铁大桥公路桥面采用预制混凝土板，铁路桥面采用钢正交异性板，与钢桁梁形成组合结构，共同受力。

3. 新设备

（1）桥上大位移轨道温度调节器和梁端伸缩装置

桥梁上轨道及梁端伸缩调节装置不但关系到桥梁及轨道结构在温度及列车荷载作用下的安全性，还直接关系到高速列车通过桥梁时的行车性能和舒适度。由于桥梁联长长，目前国内高速铁路大跨度桥梁大多采用了新研制的伸缩量 800 ~ 1200mm 的桥梁轨道温度调节器和梁端伸缩装置。

（2）大吨位铸钢球型支座

多线铁路大跨度桥梁恒载、活载重量大。由于桥梁跨度大，支座的位移量也相当大。列车过桥时速高，支座除满足承载力要求外，还应具有良好的位移和转动性能、减隔震性能以及对桥梁的横向限位性能。南京大胜关长江大桥采用了承载力达 18000 吨的铸钢球型支座。

（3）大吨位阻尼器

由于斜拉桥为柔性结构，地震响应较为明显，因此目前多座高速铁路大跨度钢桁梁斜拉桥的主塔与钢梁之间均设置了阻尼装置来抑制地震响应。武汉天兴洲大桥两主塔均采用了 2000kN 的流体阻尼器和 400kN 的磁流变阻尼器的混合阻尼控制。

4. 新工艺

随着高速铁路大跨度钢桥跨度的增大，钢梁的架设工艺也有了不断的创新。武汉天兴洲长江大桥采用了钢梁整节段架设工艺，郑州黄河公铁两用大桥采用了钢桁梁顶推法施工，铜陵长江大桥采用了钢梁桁片整体安装工艺。

本章收录的多座高速铁路钢桥均采用了一系列目前世界先进的新材料、新结构、新设备、新工艺，将成为我国高速铁路桥梁建设的标志性建筑。这些创新成果保证了大桥的安全性和稳定性，为我国铁路桥梁更快、更高发展奠定了坚实而厚重的基础。

3.2 钢桁梁桥

3.2.1 太中银铁路中宁黄河特大桥

桥型：简支钢桁结合梁

孔跨：6×96m

桥址：宁夏回族自治区 中宁县

审查单位：铁道部工程设计鉴定中心

设计单位：铁道第三勘察设计院集团有限公司

施工单位：中铁十七局集团、武桥重工股份有限公司

开工日期：2007 年

完工日期：2009 年

简介：

中宁黄河特大桥位于宁夏回族自治区中宁县泉眼山东北方约 1.5km，桥址处极端最高温度 39.7℃，低温 -26.9℃，地震烈度为 8 度。为满足桥梁抗震及通航要求，主桥采用 6×96m 简支钢桁梁结构形式。桥面系结构采用矮桥面系结合梁结构形式，在节点横梁之间设置一道中间横梁，混凝土整体桥面板通过剪力键与横梁、下弦杆相连接，参与体系受力，双线桥轨底至梁底高度仅为 2.5m。本桥钢桁梁采用半悬臂拼装法架设。

3.2 钢桁梁桥

3.2.2 向莆铁路东新赣江特大桥

桥型：连续钢桁梁

孔跨：(126+196+126)m

桥址：江西省　南昌市

审查单位：铁道部工程设计鉴定中心

设计单位：中铁二院工程集团有限责任公司

施工单位：中铁大桥局集团有限公司

开工日期：2008 年 3 月

完工日期：2009 年 12 月

简介：

东新赣江特大桥钢桁连续梁是向莆线与杭长客运专线在跨赣江段共用桥。向莆铁路设计时速 200 公里，杭长客运专线设计时速 350 公里。主桥采用四线双主桁结构，主桁中心距为 28.8m，桁梁横断面内设吊杆和 K 撑以降低横梁面外弯矩。中跨跨中和边跨端部桁高 19m，中间支点桁高 35m，桥面采用大纵梁大横梁整体正交异性钢板。本桥属国内首次将环氧沥青混凝土应用于铁路钢桥面道砟槽防水保护层。

3.3 钢桁梁拱桥

3.3.1 京沪高速铁路济南黄河大桥

桥型：拱加劲连续钢桁梁

孔跨：(113+3×168+113)m

桥址：山东省　济南市

审查单位：铁道部工程设计鉴定中心

设计单位：中铁大桥勘测设计院有限公司

施工单位：中铁一局集团有限公司

开工日期：2008 年 4 月

完工日期：2010 年 10 月

简介：

京沪高速铁路济南黄河大桥位于济南北店子至老徐庄险工河段内，上游距济德高速公路黄河大桥约 3km，下游距泺口铁路老桥约 12.6km。大桥主桥和部分引桥按搭载京沪高速铁路和太青客运专线四线桥设计，大桥全长 5143.4m。主桥采用 (113+3×168+113)m 拱加劲连续钢桁梁，两片式主桁，主梁采用等高度的钢桁梁，主跨采用柔性拱肋加劲，不仅有效提高了钢梁的竖向刚度，同时使腹杆的长度减小，杆件受力更为合理。采用正交异性板整体式桥面后，取消了制动联结系和伸缩纵梁，桥面结构与下弦杆共同受力。钢桁梁桥面为连续结构，提高了轨道的平顺性和列车运营时的舒适性，更适合于高速行车。钢桁采用三角形桁架，梁桁宽 30m，两片主桁布置。桁高 16m，节间 14m。拱肋按圆曲线布置，矢高 30m。

3.3 钢桁梁拱桥

3.3.2 合肥南环线经开区特大桥

桥型：连续钢桁梁柔性拱

孔跨：(115+230+115)m

桥址：安徽省 合肥市

审查单位：铁道部工程设计鉴定中心

设计单位：铁道第四勘察设计院集团有限公司

施工单位：中铁四局集团有限公司

开工日期：2010 年 6 月

完工日期：2012 年 8 月

简介：

经开区特大桥是沪汉蓉快速铁路引入合肥枢纽南环线重难点控制性工程，采用 (115+230+115)m 的无下加劲弦连续钢桁梁柔性拱，主跨跨度在同类桥梁中居首位。主桁采用有竖杆 N 形三角桁式，中心距为 15m，桁高 15m；拱肋采用圆曲线，矢高（上弦以上）45m，矢跨比为 1/4.5 。结构主要由主桁及拱肋、钢桥面系、纵向联结系、桥门架及横联等组成。主桁的上下弦杆及拱肋采用箱形截面整体节点结构，弦杆与腹杆、拱肋与吊杆采用插入式连接，弦杆与吊杆采用四面对接的方式连接。桥面采用正交异性钢桥面板，由桥面板、横梁、次横梁、纵向 U 肋、I 肋共五部分组成，横梁间距 12.75m，两道横梁之间设 3 道横肋，间距 3.1875m。采用多点顶推架设方案，联长 461m，顶推重 10746 吨。

MAJOR BRIDGES OF HIGH-SPEED RAILWAY IN CHINA

4 组合体系桥

4.1 前言

将两种不同结构体系结合为整体，可形成类型众多的组合体系桥式。组合恰当，不仅可创造出外形优美的各种桥式，而且能充分发挥不同结构体系的受力优点，如预应力混凝土连续梁（刚构）—拱、刚构—斜拉、混凝土梁—钢桁等。这些类型各异的组合结构在提高了混凝土桥梁跨越能力的同时，也充分保留了混凝土结构的优点，如刚度大、动力性能优、变形小、经济指标好等，特别适合高速铁路桥梁的要求，在我国铁路建设中得到了广泛应用。

连续梁（刚构）—拱组合结构中，可以设计不同刚度的主梁与拱肋结构进行组合，这种梁与拱结构刚度之间千变万化的组合，可以实现设计者不同意图的需要，如青藏铁路拉萨河特大桥 (36+72+108+72+36)m 连续梁拱、昌九城际永修特大桥 (32+128+32)m 刚架系杆拱，基本是以拱受力为主，梁部仅作为桥面承受节间荷载，接近传统意义上的下承式拱桥，该类型结构可以获得更小的结构高度。连续梁（刚构）与柔性拱组合体系中，柔性拱的拱脚与连续梁墩顶梁端固结为整体，跨间通过吊杆将连续梁与柔性拱相连。这种组合结构施工时，连续梁（刚构）可自悬臂施工至合龙，柔性拱可利用桥面为工作面，直接支架拼装或先卧拼再竖转到位，张拉吊杆后再上二期恒载。受力特点是梁体自重主要由梁部承担，二期恒载及活载由梁、加劲结构共同承担，且二期恒载及活载受力分配与主梁和柔性拱相互间的刚度有关。通过吊杆将桥跨间的部分二期恒载及活载传递给拱肋，转换为拱肋内的轴向力，拱脚以水平力和竖向力的两个方向施加到墩顶梁段，通过梁内施加的预应力平衡该部分水平力，而竖向力则直接转换为支反力或桥墩轴向力，即这部分荷载对主梁不再产生弯矩及剪力效应。连续梁柔性拱（刚构）组合结构中，受梁部结构在中支点范围截面刚度大、变形小与跨中范围截面刚度小、变形大特点的影响，吊杆在墩顶范围分配所得的力较小，但跨中范围分配所得的力较大，能有效减轻主梁桥跨中间的荷载分布。这种受力特点对大跨度梁部非常有利，对减小梁部中支点及跨中弯矩效应非常明显。整个组合结构中，吊杆及柔性拱所分配的竖向荷载虽然较小，有的甚至不到 20%，但对减少梁部跨中弯矩的效应很大，能降低跨中弯矩峰值达 50%以上。这种组合可以使梁部结构尺寸较单一的混凝土结构尺寸大大减小，如宜万铁路宜昌长江大桥（130+2×275+130）m 连续刚构柔性拱主梁中支点梁高 14.5m、中跨中梁高 4.8m，分别为主跨的 1/19.0 与 1/57.3；温福铁路昆阳特大桥（64+136+64）m 连续梁拱主梁中支点梁高 7.5m、中跨中梁高 3.5m，分别为主跨的 1/18.13 与 1/38.86，均远低于常规连续梁刚构的高跨比，不仅降低了结构建筑高度，也使结构显得更加轻巧美观。采用斜拉刚构组合桥式的广珠城际铁路西江主航道桥，孔跨布置为 (110+2×210+110)m，其中支点梁高 11m、中跨中梁高 4.5m，分别为主跨的 1/19.1 与 1/46.7。该桥仅在连续刚构中跨中局部范围设置斜拉索加劲，结构总体受力以梁为主、斜拉索为辅，其主梁的受力形式与刚构拱组合桥中的主梁基本相同。虽然仅在中跨中局部范围设置有限对数的拉索，但其受力及变形明显改善，控制截面的弯矩大幅度减小，且结构刚度、动力性能远优于单纯的斜拉桥，充分发挥了不同结构形式的优点。

预应力混凝土连续梁与钢桁架组合而成的连续梁钢桁组合桥，施工时连续梁自悬臂至合龙，钢桁架利用混凝土桥面施工，结构保留了混凝土梁刚度大、动力性能好、经济等优点，同时，因有钢桁架加劲，主梁混凝土体量、结构高度均有所减小，且桥式能适应各种线路纵坡、曲线要求。

自连续刚构柔性拱在宜万铁路宜昌长江大桥首次采用、连续梁拱在温福铁路昆阳特大桥首次提出以来，由于其较大的跨越能力、较小的结构高度、优美的外形，且施工时对桥下道路、航道通行影响较小，成为高速铁路跨越高等级公路及航道的首选桥型之一，并在我国高速铁路桥梁建设中得到了广泛采用，表现出了很强的生命力。本章共收录了我国近期铁路建设中具有代表性的 7 座组合体系桥，有连续梁拱、连续刚构拱、V 构拱、刚架系杆拱、斜拉刚构组合桥、连续梁桁架组合桥、T 构桁架组合桥、钢混组合桁梁、空间刚架等近 10 种形式各异的组合体系桥型，有单线、双线及四线铁路，轨道形式有无砟也有有砟，跨度从几十米到近 300m，类型丰富，类别齐全，代表了当今世界高速铁路组合桥的发展及建设水平。

4.2 梁拱组合桥

4.2.1 京津城际铁路跨北京四环路主桥

桥型：预应力混凝土连续梁拱组合结构

孔跨：(60+128+60)m

桥址：北京市 朝阳区

审查单位：铁道部工程设计鉴定中心

设计单位：铁道第三勘察设计院集团有限公司

施工单位：中铁六局集团有限公司

开工日期：2006 年

完工日期：2008 年

简介：

京津城际铁路北京环线特大桥跨越东四环南路。道路总宽 88m，为满足净空要求，合理避让管线，主桥采用了 (60+128+60)m 预应力混凝土连续梁与钢管混凝土拱组合结构。主梁采用单箱双室、直腹板、变高度箱形截面。跨中及边支点梁高 3.5m，中支点梁高 7.0m；拱肋采用钢管混凝土结构；对应吊杆处、拱肋下缘设置钢锚箱；箱梁外侧翼缘板下设置梯形锚固块。连续梁采用悬臂灌注施工，主梁合龙后，在连续梁桥面上拼装拱肋，有效解决了施工期间桥下交通问题。

4.2 梁拱组合桥

4.2.2 京沪高速铁路镇江京杭运河特大桥

桥型：预应力混凝土连续梁拱组合结构

孔跨：(90+180+90)m

桥址：江苏省 镇江市

审查单位：铁道部工程设计鉴定中心

设计单位：中铁第四勘察设计院集团有限公司

施工单位：中铁三局集团有限公司

开工日期：2008 年

完工日期：2010 年

简介：

京杭运河的现状航道等级为Ⅳ级，规划航道等级Ⅲ级，最高通航水位 5.21m，为保证梁体后期徐变能适应高速行车安全的要求，跨京杭运河特大桥采用 (90+180+90)m 连续梁拱组合结构，主要由拱肋、系梁、吊杆、横梁及桥面系组合起来共同承受荷载，是一种受力合理、外形美观、新颖的结构体系。钢管混凝土拱肋的长细比较大，在保证拱肋强度的前提下，解决拱肋的稳定性问题是关键。同时需要将桥面系梁预拱度、收缩徐变、温度变形叠加到轨道不平顺中的车桥耦合动力分析中。

4.2 梁拱组合桥

4.2.3 石郑客运专线鹤壁特大桥

桥型：预应力混凝土梁钢管拱组合结构

孔跨：(50+50)m

桥址：河南省 鹤壁市

审查单位：铁道部工程设计鉴定中心

设计单位：铁道第三勘察设计院集团有限公司

施工单位：中铁大桥局集团有限公司

开工日期：2009 年

完工日期：2010 年

简介：

鹤壁特大桥为跨越鹤濮高速公路及其与京珠高速公路互通匝道、鹤壁城区而设，孔跨布置受立交和填土高控制，其中跨越鹤濮高速公路与京珠高速公路互通匝道采用 (50+50)m 偏态拱预应力混凝土连续梁，结构新颖，造型美观，非常适用于城市桥梁。主梁采用双主纵梁的纵横梁体系，主纵梁为变截面预应力混凝土连续实体矩形梁。主纵梁梁宽 1.4m，跨中梁高 3.05m，高跨比 1/16.4，中支点梁高 6.45m，高跨比 1/7.75。

4.2 梁拱组合桥

4.2.4 昌九城际铁路永修特大桥

桥型：钢箱拱肋刚架系杆拱

孔跨：(32+128+32)m

桥址：江西省 永修县

审查单位：铁道部工程设计鉴定中心

设计单位：中铁第四勘察设计院集团有限公司

施工单位：中铁二十局集团有限公司

开工日期：2007 年 8 月

完工日期：2010 年 8 月

简介：

昌九城际铁路永修特大桥全长 11655.63m，于既有京九铁路山下渡大桥（通航孔为 2 孔 64m 钢桁梁）下游跨越修水河，主跨为 128m 的系杆刚架拱桥。刚架拱桥是拱墩固结、梁墩分离、以拱受力为主、梁仅承受节间荷载和提供桥面系的结构体系，梁节间的荷载通过吊杆传递至拱肋，转化为拱肋内的轴向力，拱脚轴向力竖直分量荷载由桥墩传递至基础，水平分量荷载由桥墩间张拉的系杆力平衡。主拱采用等截面钢箱双肋平行结构，拱肋中心距为 15.6m；主梁采用等高单箱双室截面形式，截面中心梁高 2.5m，外侧梁高 2.7m；选用可换索式钢绞线系杆，便于后期养护维修。

CRH
和谐号

4.2 梁拱组合桥

4.2.5 温福铁路昆阳特大桥

桥型：预应力混凝土梁钢管拱组合结构

孔跨：(64+136+64)m

桥址：浙江省 温州市

审查单位：铁道部工程设计鉴定中心

设计单位：中铁第四勘察设计院集团有限公司

施工单位：中铁大桥局集团有限公司

开工日期：2005 年

完工日期：2009 年

简介：

温福铁路昆阳特大桥主桥跨越甬台温高速公路及公路桥，高速公路总宽 28m，双向四车道，与铁路夹角 28°。采用 (64+136+64)m 连续梁拱桥。主梁采用单箱双室变高度箱形截面，跨中梁高 3.5m，中支点梁高 7.0m，拱肋采用钢管混凝土结构，拱轴线为二次抛物线。通过对梁拱结合部进行局部应力分析，研究各种荷载工况下的应力分布，采取调整拱轴线起拱点在主梁中的位置来改善梁拱结合部的受力状况，使整个结构受力合理。

4.3 斜拉加劲组合桥

4.3.1 广珠城际铁路西江特大桥

桥型：独塔斜拉连续刚构组合结构

孔跨：(100+2×210+100)m

桥址：广东省 中山市

审查单位：铁道部工程设计鉴定中心

设计单位：中铁第四勘察设计院集团有限公司

施工单位：中铁二局集团有限公司

开工日期：2006 年

完工日期：2010 年

简介：

广珠城际铁路西江特大桥是江门支线上的重要桥梁，主桥横跨西江。航道等级规划为 I 级，通航 3000 吨级海轮。依照通航净空尺度论证要求，主桥采用了 (100+2×210+100)m 独塔斜拉连续刚构组合桥。主梁采用单箱双室截面，两边腹板为直腹板，斜拉索采用箱外锚固形式；索塔采用曲线钻石形桥塔，桥面以上塔高 70.0m，桥面以上塔的高跨比为 1/3；斜拉索采用空间双索面体系，斜拉索梁上间距 6.0m，塔上间距 1.6m 和 1.7m；索塔与中主墩结合，中主墩为箱形截面，两边主墩采用双薄壁墩柱，基础施工水深达 33m。

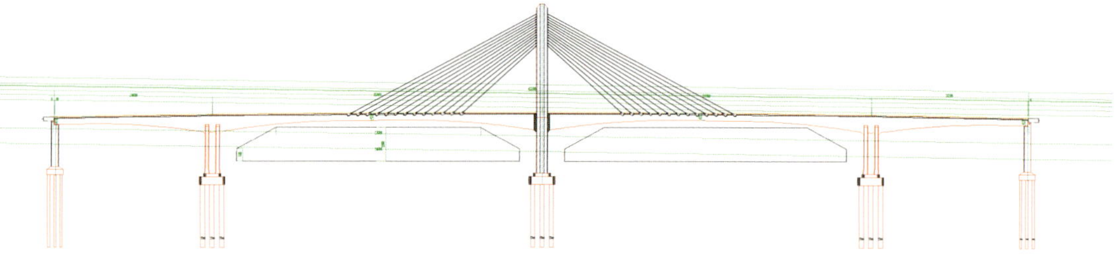

4.4 V形连续刚构—拱组合桥

4.4.1 广珠城际铁路小榄特大桥

桥型：V 形刚构拱组合结构

孔跨：(100+220+100)m

桥址：广东省 中山市

审查单位：铁道部工程设计鉴定中心

设计单位：中铁第四勘察设计院集团有限公司

施工单位：中铁三局集团有限公司

开工日期：2006 年

完工日期：2010 年

简介：

广珠城际铁路小榄水道特大桥位于广东省中山市小榄镇，跨越小榄水道，小榄水道为 III 级航道，规划为 I 级航道，通过通航论证，本桥主桥采用 (100+220+100)m 的 V 形刚构拱组合结构。一方面，通过拱及吊杆对跨中的加强作用，可减少 V 构梁高和边跨跨度，改善组合结构整体长期变形和受力状态；另一方面，通过调整 V 构外侧斜腿的倾角来平衡拱脚巨大的水平推力，改善基础的受力条件，同时 V 构改善了拱的抗疲劳性能、抗震性和稳定性。

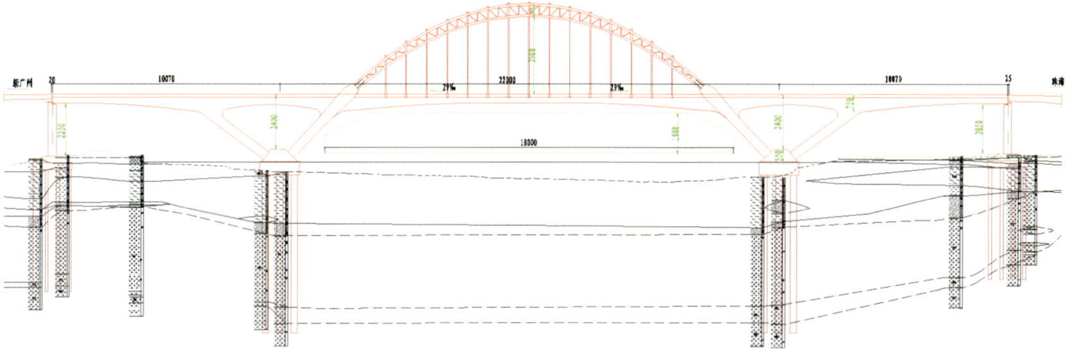

MAJOR BRIDGES OF HIGH-SPEED RAILWAY IN CHINA

5

拱桥

5.1 前言

拱桥，如“初月出云，长虹引涧”，既古老，又现代。中国的拱桥始建于东汉中后期，已有1800余年的历史。拱桥形式多样，按照建筑材料的不同可分为石拱桥、混凝土拱桥、钢拱桥；按照桥面的位置可分为上承式拱桥、下承式拱桥、中承式拱桥；按照拱上结构的形式可分为实腹式拱桥、空腹式拱桥、组合体系式拱桥；按照有无水平推力可分为有推力拱桥、无推力拱桥；按照铰的多少可分为两铰、三铰、无铰；按照拱轴线的形式可分为圆弧拱桥、抛物线拱桥、悬链线拱桥。

中国铁路拱桥始建于19世纪末，其发展与铁路建设的步伐、材料和设备的发展、设计手段和建造技术密不可分。20世纪，我国建成的铁路拱桥主要以小跨度的石拱桥、混凝土拱桥和钢筋混凝土拱桥为主，大跨度拱桥十分稀少，拱桥数量虽然不少，但形式单一。主要代表作有：1966年建成的成昆线一线天桥（54m空腹式石拱）、1966年建成的风沙二线永定河7号桥（150m拼装式钢筋混凝土中承空腹拱肋拱）、1961年建成的兰新线昌吉河桥（56m预应力混凝土系杆拱）、1966年建成的成昆线迎水河桥（112m栓焊钢桁拱）、1992年建成的京九线九江长江大桥（180m+216m+180m公铁两用钢桁拱）、水柏线北盘江大桥（236m上承式钢管混凝土拱桥）。

进入21世纪，特别是2003年以来，我国铁路实现了重大跨越，进入了高速铁路时代，桥梁建设快速发展，拱桥以美观、简洁、大方的独特外形，倍受桥梁设计师们的青睐，被广泛应用到高速铁路桥梁中。本章收录了这一时期建设的14座具有代表性的铁路拱桥，其中混凝土拱桥1座，钢管混凝土拱桥3座，钢桁拱桥3座，钢箱拱桥7座。这些桥梁时代特色鲜明，主要表现为：标准高、跨度大、形式多样、设计手段科学合理、施工设备和工艺先进、技术含量高。

从技术标准看，均铺设了跨区间无缝线路，部分桥上铺设无砟轨道，设计速度大多超过200km/h，最高设计速度为350km/h，居世界领先水平。

从主跨跨度看，混凝土拱桥最大跨度为大瑞铁路澜沧江特大桥，主跨 342m 上承式劲性骨架混凝土拱桥；钢管混凝土拱桥最大跨度为朔准铁路黄河特大桥，主跨 380m 上承式钢管混凝土拱桥；钢桁拱桥最大跨度为宜万铁路万州长江大桥，主跨（168.7+360+168.7）m 连续钢桁系杆拱桥；钢箱拱桥最大跨度为南广铁路西江特大桥，主跨 486m 中承式钢箱拱桥，居世界铁路拱桥跨度前列。

从结构形式及应用材料看，有上承式拱桥、下承式拱桥、中承式拱桥；有单拱、双拱、多拱；有平行拱、提篮拱、叠拱；有混凝土拱、钢桁拱、钢箱拱、组合材料拱；有混凝土桥面、钢桥面、钢混结合桥面。种类齐全，结构新颖，各具特色。

从设计手段看，科学合理，方法先进，理论与实际结合，大部分项目均结合桥梁设计和建造关键技术问题立项并完成了大量的科学研究，采用了最新的计算手段对整桥的刚度、稳定性、动力特性进行了详细的计算分析或风洞试验，对复杂的构造细节进行了仿真分析和模型验证试验，部分桥梁还进行了动静载实桥试验。

从施工方法看，结合各桥特点，因地制宜，充分利用或研制大型设备，尝试了许多先进、大胆、科学的新工艺。如大节段悬臂拼装施工带动了大跨度、大吨位缆索吊和大吨位吊装设备的研制；大悬臂、多点同时合龙的施工技术的应用；自行试爬高架梁吊机的研制；转体施工技术的运用等。

总之，大批大跨度、形式各异的铁路拱桥的建成，必将推动我国高速铁路桥梁的发展，为高速铁路的选线提供更大的自由度。

5.2 混凝土拱桥

5.2.1 沪杭客运专线跨沪杭高速公路特大桥

桥型：混凝土上承式拱桥

孔跨：(88+160+88)m

桥址：浙江省 嘉善县

审查单位：铁道部工程设计鉴定中心

设计单位：中铁第四勘察设计院集团有限公司

施工单位：中铁十二局集团有限公司

开工日期：2009 年

完工日期：2010 年

简介：

跨沪杭高速公路特大桥主桥跨越沪杭高速公路，为满足净宽、净空要求，主桥采用了 (88+160+88)m 上承式拱桥结构形式。主拱跨度 160m，计算跨度 153m。拱肋矢跨比 1/6，计算矢高 25.5m，拱肋线形采用二次抛物线。拱肋采用预应力混凝土结构，单箱单室拱肋截面，拱顶截面高 4.0m，拱脚截面高 6.0m。拱墩基础固结，拱梁固结。系杆采用可换式钢绞线系杆，每根系杆有 85 根 Φ15.2mm 镀锌涂油外包 PE 钢绞线，其抗拉标准强度为 1860MPa。主桥采用“支架现浇、水平转体就位”的施工方法，转体重量高达 1.68 万吨。这种施工方法可以有效缩短工期，同时解决了施工期间桥下交通干扰问题。

5.3 钢管混凝土拱桥

5.3.1 京津城际铁路新开路特大桥

桥型：钢管混凝土简支叠拱桥

孔跨：71.5m

桥址：天津市 河北区

审查单位：铁道部工程设计鉴定中心

设计单位：铁道第三勘察设计院集团有限公司

施工单位：中铁十八局集团有限公司

开工日期：2006 年

完工日期：2008 年

简介：

京津城际铁路新开路特大桥主桥为跨越新开路而设，主桥跨度 71.5m。拱肋采用钢管混凝土叠拱，拱管直径 1.0m，上拱管矢高 15m，矢跨比 1/4.767，下拱管矢高 13m，矢跨比 1/5.5，上下拱管中心线拱脚处高度差 2.0m，拱顶高度差 4.0m。梁部采用双主纵梁的预应力混凝土纵横梁体系，主纵梁梁高 2.8m，高跨比 1/25.54。全桥共设 11 对吊杆，顺桥向间距 5.0m，采用 PES(FD)7-85 平行钢丝束。桥跨结构采用先梁后拱施工方法。

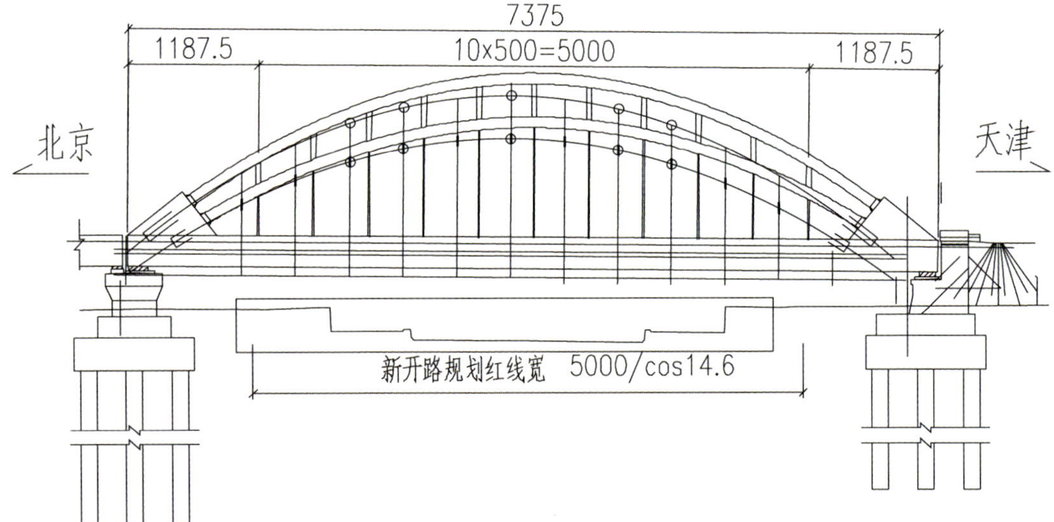

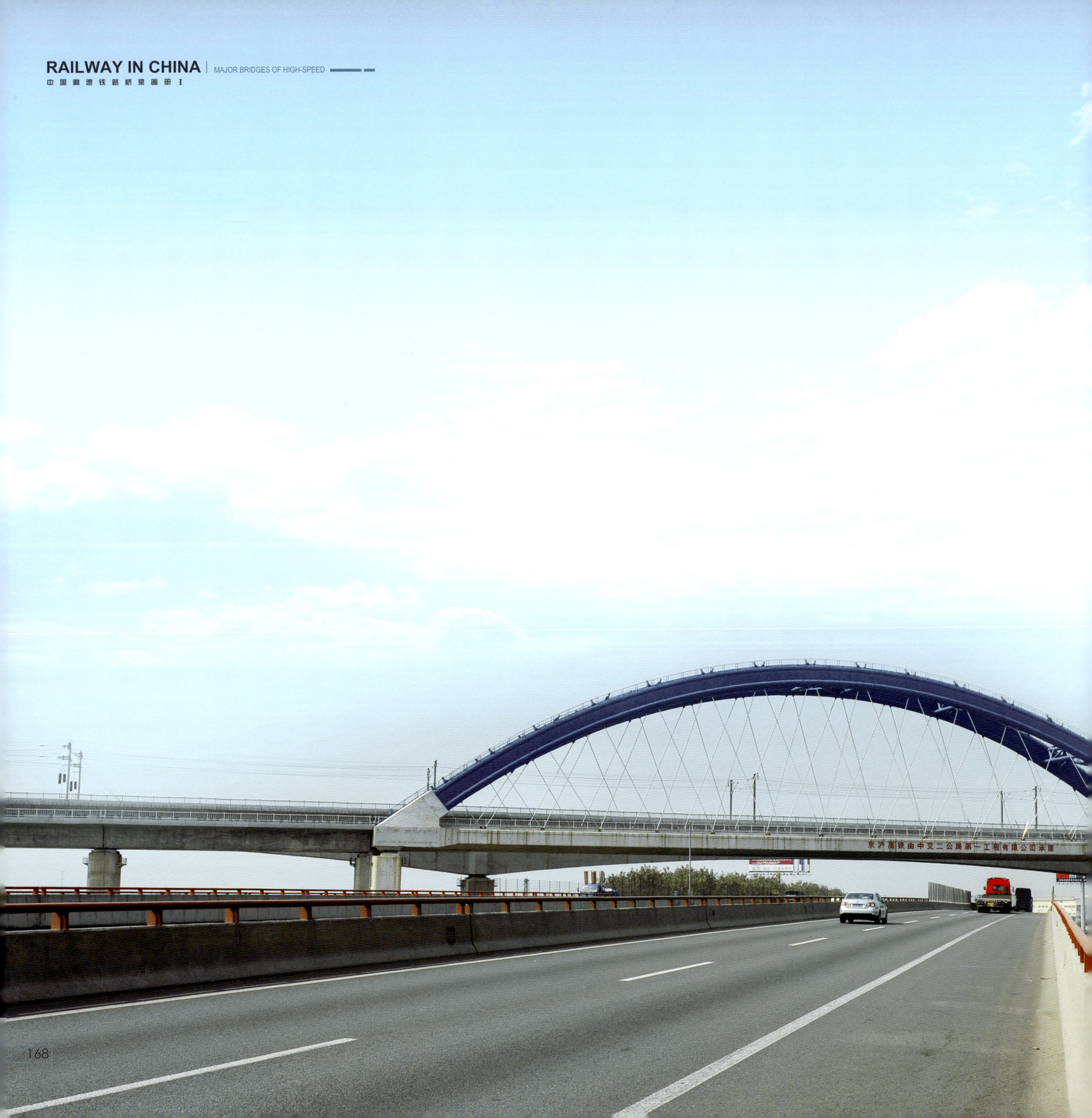
京沪高铁由中交二公局第一工程有限公司承建

5.3 钢管混凝土拱桥

5.3.2 京沪高速铁路蕴藻浜特大桥

桥型：提篮拱桥

孔跨：128m

桥址：上海市 嘉定区

审查单位：铁道部工程设计鉴定中心

设计单位：中铁第四勘察设计院集团有限公司

施工单位：中交第四航务工程局有限公司

开工日期：2008 年

完工日期：2010 年

简介：

京沪高速铁路蕴藻浜特大桥位于宝安公路与漳浦河交叉处，为满足道路规划宽度及跨越河道要求，该处主跨布置为 1 孔 128m 提篮拱桥。本桥计算跨长 128m，桥长 132m。矢跨比 1/5，拱肋平面内矢高 25.6m，拱肋采用悬链线线形，拱肋横截面采用哑铃形钢管混凝土截面，截面高 3.4m。系梁按整体箱形梁布置，采用单箱三室预应力混凝土箱形截面，桥面宽 17.8m，梁高 2.5m。吊杆布置采用尼尔森体系，采用 127 根 Φ7mm 高强低松弛镀锌平行钢丝束。本桥采用先梁后拱施工方法。

5.3 钢管混凝土拱桥

5.3.3 武广客运专线胡家湾特大桥

桥型：提篮系杆拱桥

孔跨：112m

桥址：湖北省 赤壁市

审查单位：铁道部工程设计鉴定中心

设计单位：中铁第四勘察设计院集团有限公司

施工单位：中铁十一局集团有限公司

开工日期：2006 年

完工日期：2008 年

简介：

胡家湾特大桥位于湖北省赤壁市，在胡家湾附近跨越京珠高速公路，主跨采用 112m 下承式尼尔森体系提篮拱，主桥长 116m。拱肋采用悬链线，矢跨比 1/5，拱肋平面内矢高 22.4m，拱肋采用哑铃形钢管混凝土截面，高 3.0m。系梁按整体箱形梁布置，采用单箱三室预应力混凝土箱形截面，桥面箱宽 17.8m，梁高 2.5m。系梁采用预应力钢筋混凝土结构。吊杆间距 8m，采用平行钢丝束。本桥采用原位满堂支架现浇、梁体先梁后拱施工方法。

5.4 钢桁拱桥

5.4.1 京沪高速铁路南京大胜关长江大桥

桥型：连续钢桁拱桥

孔跨：(108+192+2×336+192+108)m

桥址：江苏省 南京市

审查单位：铁道部工程设计鉴定中心

设计单位：中铁大桥勘测设计院集团有限公司

施工单位：中铁大桥局集团有限公司

开工日期：2006 年 7 月

完工日期：2010 年 10 月

简介：

南京大胜关长江大桥是京沪高速铁路和沪汉蓉铁路的共用桥，同时搭载南京市双线地铁，充分利用了越江桥位资源。大桥位于既有南京长江大桥上游约 20km，全长 9.273km，其中两岸长江大堤之间正桥与南岸引桥共 3.674km，按六线设计：双线京沪高铁、双线沪汉蓉铁路、双线南京地铁。大桥设计速度目标值为 300km/h。主桥为 (108+192+2×336+192+108)m 连续钢桁拱桥。钢桁梁采用三片主桁，主桁间距 15m，四线铁路位于主桁内，南京地铁布置在两侧主桁外挑臂上，桥面全宽 41.6m。主跨拱圈矢高 84.0m，矢跨比 1/4，主跨跨中拱圈桁高 12m，拱脚处拱圈桁高 47.9m。平弦钢桁梁和拱圈桁架的标准节间距为 12m。边跨平弦部分桁高 16m。为了满足高速行车要求，本桥采用正交异性板作为桥面支承结构，以提供足够的横向抗弯刚度并增强桥面的整体性；采用道砟桥面，以增加桥面质量与阻尼，从而保证高速运行的舒适与安全。主桥三个主墩深水基础采用双壁钢围堰施工，上部钢桁拱结构采用吊索塔架辅助伸臂安装，跨中合龙。

主墩开始架设钢梁

墩身施工

边跨钢梁与引桥混凝土连续梁成功对接

双龙戏珠

主跨即将合龙的大桥全景

5.4 钢桁拱桥

5.4.2 武广客运专线跨环城高速特大桥主桥

桥型：连续钢桁拱

孔跨：(99+242+99)m

桥址：广东省 广州市

审查单位：铁道部工程设计鉴定中心

设计单位：铁道第四勘察设计院集团有限公司

施工单位：中铁大桥局集团有限公司

开工日期：2006 年

完工日期：2008 年

简介：

跨环城高速特大桥位于广东省广州市，主桥跨越东平水道，一跨过江，桥式为 (99+242+99)m 连续钢桁拱，主桥长 442m。结构采用三片主桁，中心距 2×14.0m，主桁间设交叉形纵向及横向联结系，吊杆采用箱形截面，中间不设置横撑。桥上为四线铁路，线间距 5.0m+9.2m+4.6m。主桁采用整体节点，弦杆、拱肋、吊杆及箱形截面腹杆与节点四面对拼，H 形腹杆通过插入方式与节点连接。桥面采用正交异性板整体桥面，钢桥面顶板上设 150mm 的现浇混凝土道砟槽，用焊钉与钢桥面板结合，道砟槽顶铺 60mm 厚的防水耐磨层。

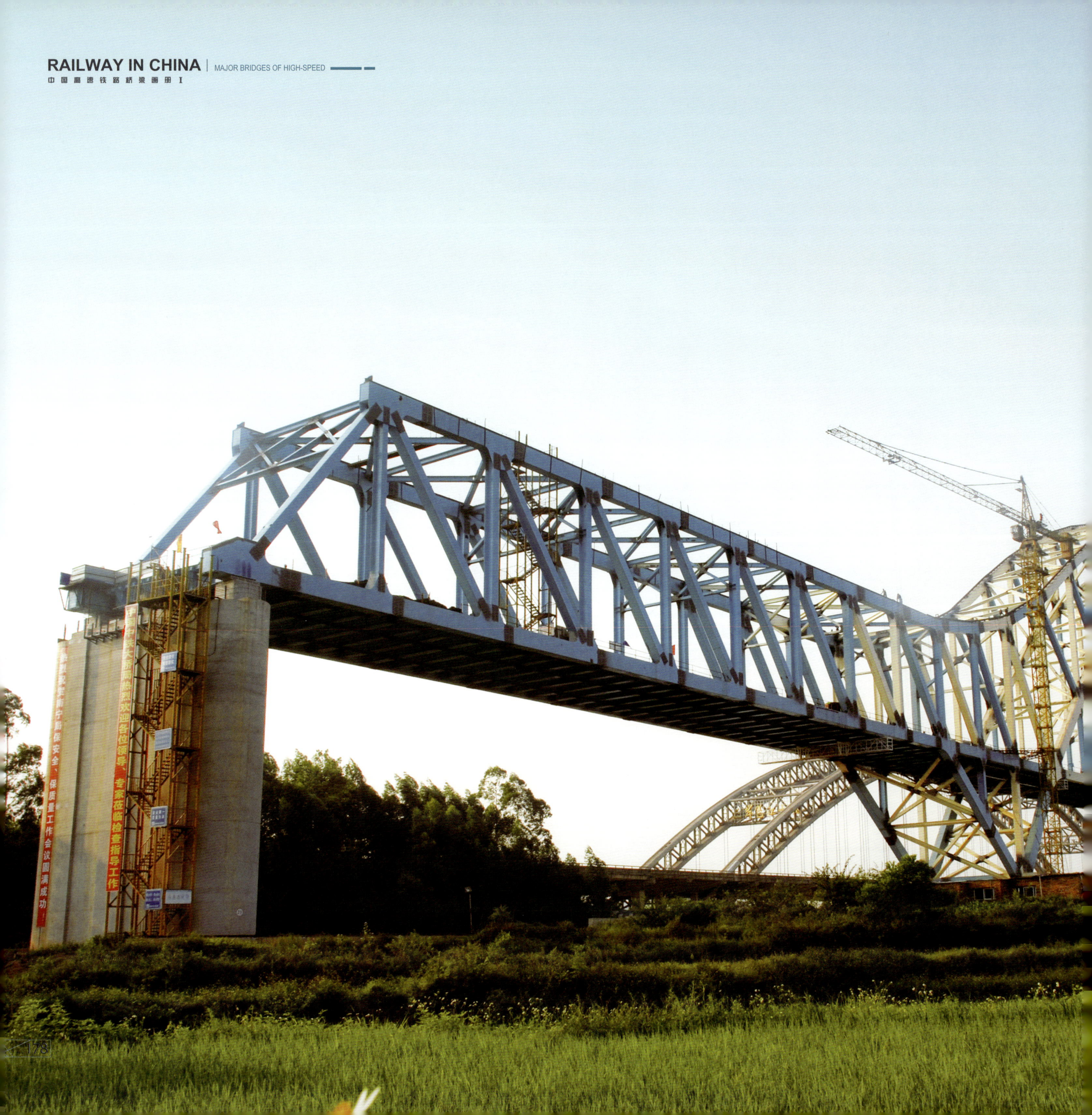
南宁局保安全、保质量工作会议圆满成功！
热烈欢迎各位领导、专家莅临检查指导工作

5.4 钢桁拱桥

5.4.3 南钦铁路三岸邕江特大桥

桥型：连续钢桁拱

孔跨：(132+276+132)m

桥址：广西省 南宁市

审查单位：铁道部工程设计鉴定中心

设计单位：中铁二院工程集团有限责任公司

施工单位：中铁大桥局集团有限公司

开工日期：2009 年 9 月

完工日期：2011 年 10 月

简介：

南钦线为近期时速 200 公里客货共线、远期时速 250 公里客运专线双线铁路，该线引入南宁枢纽后，在三岸园艺场附近跨越邕江，桥址处为 II 级规划航道。主桥为 (132+276+132)m 下承式双线连续钢桁拱桥结构。主桁采用 N 形桁架，桁宽 15.0m，标准节间长 12.0m。边跨为变高度桁架，中支点处设第三加劲弦，高 18.0m。主跨拱肋下弦杆距系杆中心 58.0m，拱顶桁高 9.0m。拱肋采用二次抛物线，拱肋上弦与边跨上弦圆曲线匀顺过渡。桥面采用正交异性板钢桥面结构，钢桥面板与下弦杆及中跨系杆焊接形成板桁组合结构，桥面板直接与下弦杆共同受力。按密横梁体系设计，横梁布置间距 3.0m。桥面钢板上设防腐层、混凝土道砟槽、防水层，其上铺道砟。边跨采用支架法施工，主跨采用吊索塔架辅以边跨压重的悬臂架设法施工。

5.5 钢箱拱桥

5.5.1 京沪高速铁路跨济兖公路特大桥

桥型：四线简支钢箱梁拱

孔跨：2-96m

桥址：山东省 济南市

审查单位：铁道部工程设计鉴定中心

设计单位：铁道第三勘察设计院集团有限公司

施工单位：中国水电集团第十一工程局

开工日期：2006 年

完工日期：2010 年

简介：

京沪高速铁路跨越济兖高速公路及其匝道，采用了 2-96m 四线下承式简支钢箱系杆拱。本工点一次建成四线桥，中间双线为高速正线，拱肋外侧两边为联络线。正线设计速度 350km/h，联络线设计速度 160km/h。计算跨径 96m，钢箱梁总长 98m。桥面总宽 25.7m，两主拱间中心距 11.68m。大桥结构体系可分为钢箱拱、钢箱梁、拱肋横撑、吊索及其锚点构造、支座、梁端横向限位装置及现浇混凝土桥面板。主梁采用梁高 3.0m 等截面单箱九室截面，顶面宽 25.7m，底宽 22.5m，桥面采用正交异性桥面板构造。主拱采用变截面钢箱拱，矢高 19.2m，矢跨比 1/5，拱脚处与主梁固结。两拱肋间通过 5 道钢箱横撑连接。吊索纵向中心间距 5.0m，吊索上端为锚固端，锚在拱箱内横隔板上，下端为张拉端，锚在箱梁内横隔板上。采用支架原位拼装施工方法。

好莱客衣柜
泸州老窖 金奖特曲
金奖荣耀 · 柔雅浓香

中国水电十一
山东人民共建一流京沪

中铁十七局集团

5.5 钢箱拱桥

5.5.2 京沪高速铁路跨京开高速公路主桥

桥型：中承钢箱混凝土拱桥

孔跨：(32+108+32)m

桥址：北京市 大兴区

审查单位：铁道部工程设计鉴定中心

设计单位：铁道第三勘察设计院集团有限公司

施工单位：中铁十七局集团有限公司

开工日期：2008 年

完工日期：2010 年

简介：

京沪高速铁路北京特大桥跨京开高速公路主桥位于北京市大兴区。主桥采用 (32+108+32)m 中承式钢箱混凝土拱桥，为拱式连续梁体系。主拱计算跨度 108m，边拱计算跨度 32m。拱肋中心距 12m。主跨拱肋矢高 25m，矢跨比 1/4.32。边拱肋矢高 11.75m，矢跨比 1/5.19，主拱肋及边拱肋拱轴线均采用二次抛物线。桥面系采用钢与混凝土结合梁，增加结构横向刚度，改善纵横梁受力，增加高速铁路行车平稳性和舒适性。吊杆采用直径 120mm 合金钢拉杆，间距 5.4m，全桥共设 11 对吊杆。主拱肋和主纵梁固结，提高了结构的整体刚度。采用转体施工方法，转体重 3300 吨。转体结构沿公路两侧支架拼装，水平转体就位，吊装合龙段，然后拱肋灌注混凝土，施工混凝土桥面板、无砟轨道等线路设备及桥面附属设施。

中国铁建十七局集团
中国铁建十七局集团

5.5 钢箱拱桥

5.5.3 武广客运专线汀泗河特大桥

桥型：下承式钢箱系杆拱桥

孔跨：140m

桥址：湖北省 赤壁市

审查单位：铁道部工程设计鉴定中心

设计单位：中铁第四勘察设计院集团有限公司

施工单位：中铁十一局集团有限公司

开工日期：2006 年

完工日期：2008 年

简介：

汀泗河特大桥位于湖北省赤壁市境内，跨越京珠高速公路。主桥采用 1-140m 下承式钢箱系杆拱桥，长 143m。桥面系采用钢与混凝土结合梁，结构跨度大，自重轻，线下结构高 2.35m。在纵横梁结合桥面上铺设无砟轨道，提高了结构刚度，适应高速列车行车要求。为了适应高速行车要求，除车桥耦合振动分析能满足相关规范要求外，设计中还采取设置梁端过渡短梁、横向限位剪力榫、轨道预拱度等措施，满足了无砟轨道要求。主墩采用墩中开设拱形孔洞的实体墩、桩基础。采用原位拼装、先梁后拱的施工方法。

咸宁
武汉
郑州

5.5 钢箱拱桥

5.5.4 哈大客运专线新开河特大桥

桥型：钢箱叠拱桥

孔跨：138m

桥址：吉林省 长春市

审查单位：铁道部工程设计鉴定中心

设计单位：中铁第一勘察设计院集团有限公司

施工单位：中交隧道工程局

开工日期：2007 年 10 月

完工日期：2010 年 10 月

简介：

新开河特大桥主桥在国内首次采用了 1 孔 138m 双层钢箱叠拱，其中上拱肋计算跨径 140m，矢跨比采用 1/4，下拱肋计算跨度 135m，跨中矢高 28m；上、下拱肋及系杆均采用钢箱截面，桥面系采用桥面板仅与纵、横梁结合的结构体系；吊杆在国内首次采用了实心圆钢吊杆，采用端横梁内移，经济合理地解决了梁端转角和梁缝处竖向变形的要求。结合工程在国内首次开展了实心圆钢吊杆合理构造及疲劳特性研究，通过对螺纹连接的构造进行反复改进优化及一系列的试验研究，最终使综合考虑使用低温环境以及客运专线行车密度影响后的吊杆的疲劳应力幅达到 96MPa 以上，同时对超长实体圆钢吊杆的连接、与系梁拱肋耳板的连接构造进行了详细研究，为今后实体圆钢吊杆在铁路桥梁的应用奠定了坚实的基础。同时在国内首次进行钢箱叠拱桥整体受力、变形行为研究，并在国内首次进行了叠拱拱脚的 1:2 模型试验，验证了理论分析和构造的可靠性。

安
全
第
一

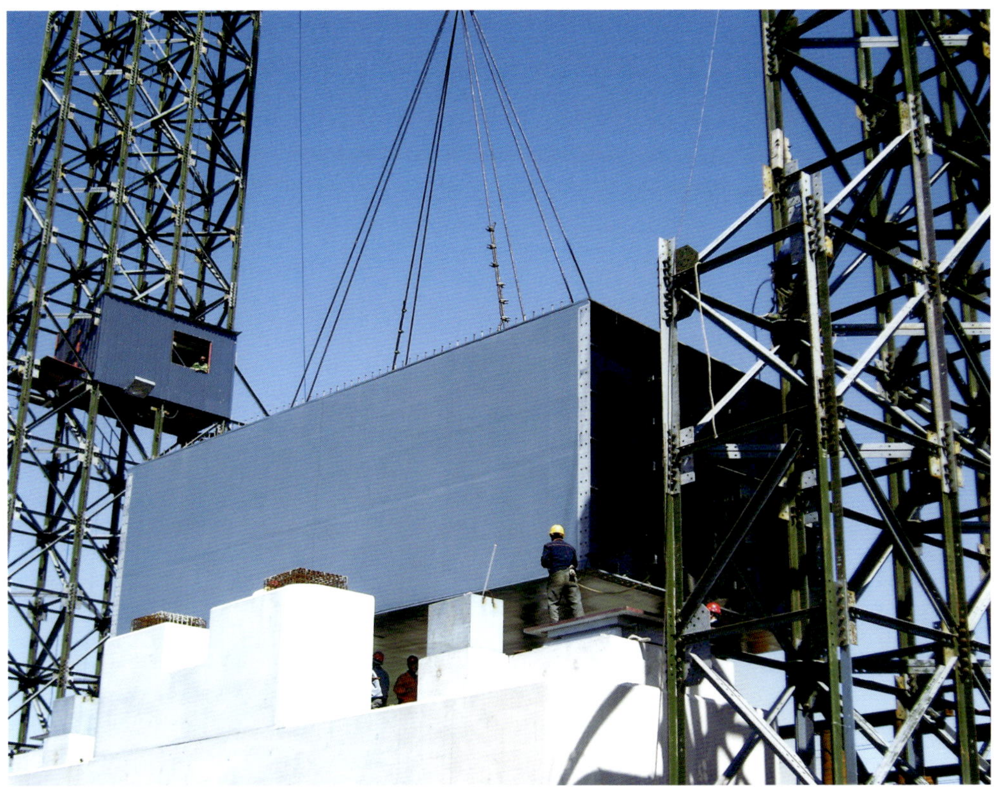

5.5 钢箱拱桥

5.5.5 甬台温铁路雁荡山特大桥

桥型：连续钢箱叠合拱桥

孔跨：(90+90)m

桥址：浙江省 温州市

审查单位：铁道部工程设计鉴定中心

设计单位：中铁第四勘察设计院集团有限公司

施工单位：中铁四局集团有限公司

开工日期：2005 年

完工日期：2009 年

简介：

甬台温铁路雁荡山特大桥位于风景秀丽的雁荡山风景区，小角度斜跨甬台温高速公路。主桥采用 (90+90)m 连续钢箱三拱叠合结构，全长 184m。钢箱梁桥面系采用钢与混凝土结合梁形式；采用柔性吊杆；辅助拱采用焊接方式与主拱肋连接，辅助拱拱顶采用铰接形式。本桥采用先梁后拱施工方法，并应用了无导梁拖拉系梁技术。

中国铁建二十一局集团为海西经济区建设做贡献
和谐号

5.5 钢箱拱桥

5.5.6 福厦铁路木兰溪特大桥、丘后特大桥

桥型：下承式系杆钢箱拱

孔跨：128m

桥址：福建省 莆田市、泉州市

审查单位：铁道部工程设计鉴定中心

设计单位：中铁二院工程集团有限责任公司

施工单位：中铁十七局、二十一局集团有限公司

开工日期：2007 年 2 月

完工日期：2010 年 4 月

简介：

木兰溪特大桥和丘后特大桥为福厦客运专线桥梁，近期兼顾货物运输，旅客列车设计时速 250 公里，货物列车时速 120 公里。主桥采用跨度 128m 的钢系杆拱跨越福厦高速公路。钢系杆拱采用平行拱肋、刚性吊杆、密布横梁的正交异性钢桥面板。钢系杆拱跨度 128m，全长 130.4m。主拱矢高 24m，矢跨比 1/5.333；系梁、拱肋横向中心距 16m，内侧净宽 14.2m，外廓净宽 17.8m；跨中轨底至梁底高 2830mm，支座处轨底至梁底高 2890mm。拱肋、系梁、横撑为箱形截面；吊杆为工字形截面；桥面钢板下设 4 道倒 T 形纵梁；拱脚附近设端横梁，采用箱形截面；系梁与吊杆连接处全桥共设 13 道主横梁，采用倒 T 形截面；每个节间设置 3 根次横梁，采用倒 T 形截面，全桥共 52 根次横梁。桥面钢板上设防腐层、防水层、混凝土保护层，其上铺道砟。钢梁各部位杆件在工厂制造，现场支架安装。采用了适用于高速铁路钢系杆拱桥的 H 形吊杆、密布横梁槽形正交异性整体钢桥面，采用了一种新的适用于有砟钢桥面的防护体系和施工工艺。

MAJOR BRIDGES OF HIGH-SPEED RAILWAY IN CHINA

6 斜拉桥

6.1 前言

斜拉桥是指一种通过一座或多座主塔与高强度钢（丝）来支撑桥面的桥梁。它是由承受压力的塔、承受拉力的索和承受压力弯矩的梁体组合的一种结构体系。

从 1784 年德国建造了世界上第一座跨径为 32m 的木斜拉桥开始，斜拉桥作为一种新型的桥型，各国工程技术人员就在不断对其进行探索和实践。直至 1949 年，桥梁工程师迪辛格尔奠定了斜拉桥结构理论的基础，1953 年世界上第一座现代斜拉桥——瑞典的斯特罗姆松德桥建成，从此斜拉桥开始在世界桥梁建造中逐步被广泛采用。

斜拉桥的分类有多种方式，按斜拉索的数量分为：稀索体系和密索体系；按斜拉索的索面分为：单索面体系、双索面体系和多索面体系；按各主要部位的建筑材料分为：混凝土梁斜拉桥、钢结构加劲（桁）梁斜拉桥、混凝土塔斜拉桥、钢塔斜拉桥；按桥塔的高度分为：正常布置高塔斜拉桥和矮塔斜拉桥（也称为部分斜拉桥）；按桥塔的数量分为：独塔斜拉桥、双塔斜拉桥和多塔斜拉桥；按桥塔与梁、桥墩的连接方式分为：塔梁固结铰支于桥墩的斜拉桥、塔墩固结梁体悬空的飘浮体系斜拉桥、墩固结梁体支承于桥墩上的支承体系斜拉桥；按支承体系分为：带纵向约束的纵固斜拉桥和不带纵向约束的纵飘斜拉桥。

我国的斜拉桥首先是在公路桥梁建设中开始应用，并于20世纪90年代起在大跨度公路桥梁中普遍采用。由于对斜拉桥的体系缺乏仔细的研究，特别是对其刚度的担心，在20世纪80年代的铁路桥梁工程中，我国仅建了一座以混凝土梁作为加劲梁的铁路斜拉桥——广西红水河桥。20世纪90年代初期，在芜湖公铁两用长江大桥主跨312m的斜拉桥主桥的建设中，对斜拉桥桥型用于铁路桥梁刚度限值的确定，为斜拉桥在国内铁路桥梁建设中的应用奠定了基础。从随后建设的武汉天兴洲公铁两用长江大桥主跨504m的斜拉桥主桥开始，斜拉桥桥型已成为大跨度公铁两用桥、大跨度铁路桥建设的选用桥型之一。进入21世纪，随着我国"中长期铁路网规划"和"十一五"规划的陆续实施，一大批高速铁路开工建设，大量的斜拉桥在各条高速铁路工程中的应用，也促进了铁路斜拉桥建造技术的发展。

进入21世纪，国内相继建成和开工建设的铁路斜拉桥有：武汉天兴洲公铁两用长江大桥，主桥跨度为（98+196+504+196+98）m；郑州黄河公铁两用长江大桥，主桥跨度为5×168m；宁安城际铁路安庆长江大桥，主桥跨度为（110.5+188.5+580+217.5+159.5+116）m；合福客运专线铜陵长江大桥，主桥跨度为（90+240+630+240+90）m；武汉城际铁路黄冈公铁两用长江大桥，主桥跨度为（81+243+567+243+81）m；渝利铁路韩家沱长江大桥，主桥跨度为（81+135+432+135+81）m等。

6.2 钢斜拉桥

6.2.1 武广客运专线武汉天兴洲公铁两用长江大桥

桥　型：连续钢桁梁斜拉桥

孔　跨：(98+196+504+196+98)m

桥　址：湖北省　武汉市

审查单位：铁道部工程设计鉴定中心

设计单位：中铁大桥勘测设计院集团有限公司

施工单位：中铁大桥局集团有限公司

开工日期：2004 年 9 月

完工日期：2009 年 3 月

简介：

武汉天兴洲公铁两用长江大桥位于武汉长江大桥下游 16.3km 的天兴洲江段。跨长江南汊主航道为双塔三索面钢桁梁斜拉桥，孔跨布置为 (98+196+504+196+98)m，桥面按双层布置。上层公路六车道，设计速度 80km/h；下层铁路两线客运专线和两线 I 级干线，客运专线列车设计速度 200km/h 以上。采用半飘浮体系，主塔与钢桁梁之间设置约束梁体纵向位移的 STU 及 MR 阻尼装置。斜拉桥主塔结构设计为"人"字形钢筋混凝土结构，塔高 190m。主梁采用连续钢桁梁，三片主桁，N 形桁架。钢梁架设采用整节段加散拼的方式，以整节段架设为主。斜拉桥主跨 504m，为世界同类桥梁跨度之首；可同时承载 2 万吨荷载，是目前世界上载荷最大的公铁两用桥。下层四线铁路，宽 30m；上层公路六车道，宽 27m。钢材用量 4.8 万吨。

天兴洲长江大桥

主塔施工

整桁段钢梁运输

整节段钢桁梁预拼

桁段钢梁横移

6.2 钢斜拉桥

6.2.2 渝利铁路韩家沱长江双线特大桥

桥型：钢桁梁斜拉桥

孔跨：(81+135+432+135+81)m

桥址：重庆市 涪陵区

审查单位：铁道部工程设计鉴定中心

设计单位：中铁二院工程集团有限责任公司

施工单位：中铁大桥局集团有限公司

开工日期：2008 年 12 月

完工日期：2011 年 6 月

简介：

渝利铁路韩家沱长江大桥于涪陵城区下游 6km 附近跨越长江，大桥全长 1137.49m，孔跨布置为 (8×32 + 81+135+432+135+81)m。桥位处河段通航等级为Ⅰ级，通航净宽不小于 350m，净高不小于 18m。旅客列车设计时速 200 公里。结构体系为半飘浮体系，塔墩固结，塔梁分离。主塔顺桥向采用单柱式，横向采用花瓶形桥塔；主梁为平行弦钢桁梁，N 形桁架，两片主桁，桁间距 18m，桁高 14m；桥面采用正交异性板整体桥面结构；斜拉索采用镀锌高强钢束斜拉索，布置为平行的扇形双索面。主墩基础采用双壁钢套箱围堰施工。主塔施工采用目前国内最先进的卓良液压自爬模板施工.每节施工高度 6 m。主梁采用预拼节段，悬臂安装法架设。

6.2 钢斜拉桥

6.2.3 石武客运专线郑州黄河公铁两用桥

桥型：连续钢桁结合梁斜拉桥

孔跨：(120+5×168+120)m

桥址：河南省 郑州市

审查单位：铁道部工程设计鉴定中心

设计单位：中铁大桥勘测设计院集团有限公司
　　　　　铁道第三勘察设计院集团有限公司

施工单位：中铁大桥局集团有限公司

开工日期：2007 年

完工日期：2012 年

简介：

郑州黄河公铁两用桥是石武铁路客运专线与郑州至新乡一级公路跨越黄河的共用桥梁，距下游京珠高速公路郑州黄河大桥约 6km。铁路为双线客运专线，速度目标值为 350km/h，铁路设计活载为 ZK 活载。主桥采用有砟轨道，引桥采用无砟轨道。公路为一级公路，双向六车道，公路设计速度 100km/h，设计荷载为公路—Ⅰ级的 1.3 倍。主桥为 (120+5×168+120)m 的六塔连续钢桁结合梁斜拉桥，主桁采用无竖杆的三角形桁式，桁高 14m，节间距 12m。横向布置为三片桁，中桁垂直，边桁倾斜，下弦桁间距 8.5m，上弦桁间距 12m。中主桁布置桥塔，桥塔采用钢箱结构，主塔立面布置为“人”字形，塔高 37m，每个主塔布置 5 对斜拉索，采用多点顶推法施工。

6.3 混凝土斜拉桥

6.3.1 京沪高速铁路津沪联络线特大桥

桥型：矮塔斜拉桥

孔跨：(64.6+2×115+64.6)m

桥址：天津市 西青区

审查单位：铁道部工程设计鉴定中心

设计单位：铁道第三勘察设计院集团有限公司

施工单位：中铁电气化局集团有限公司

开工日期：2009 年

完工日期：2011 年

简介：

京沪高速铁路天津枢纽津沪联络线特大桥位于天津市西外环互通交汇处，跨越 2 处市政道路以及煤气管道、通信光缆等地下管线。采用 (64.6+2×115+64.6)m 预应力混凝土矮塔斜拉桥。索塔采用 H 形钢筋混凝土结构，梁顶面以上全高 15.0m，桥墩为钢筋混凝土实体结构，中塔墩与主梁固结，边塔墩及边墩墩顶设置支座；斜拉索横向为双索面布置，纵向为半扇形布置；索鞍采用分丝管形式。主梁施工采用挂篮悬臂现浇法。